# SAY IT IN
# FINNISH

by Aili Flint, Ph.D.

*Lecturer of Finnish*
*Columbia University*

D0963360

DOVER PUBLICATIONS, INC.
*New York*

The Dover *Say It* series is prepared under the editorial supervision of R. A. Sorenson.

Copyright © 1983 by Dover Publications, Inc.

Published in Canada by General Publishing Company, Ltd., 30 Lesmill Road, Don Mills, Toronto, Ontario.

*Say It in Finnish* is a new work, first published by Dover Publications, Inc., in 1983.

Manufactured in the United States of America
Dover Publications, Inc., 32 East 2nd Street, Mineola, N.Y. 11501

**Library of Congress Cataloging in Publication Data**

Flint, Aili.
  Say it in Finnish.

  (Dover "say it" series)
  Includes index.
  1. Finnish language—Conversation and phrase books—English.  I. Title.
PH139.F57 1983    494′.5483421    83-5237
ISBN 0-486-24591-8

# TABLE OF CONTENTS

# CONTENTS

v

# INTRODUCTION

The Finnish language is spoken by four and a half million people in Finland. There are also over half a million speakers of Finnish outside Finland, living in Sweden, the U.S., and Canada.

Finnish is a member of the Finno-Ugric language group (a subdivision of the Uralic languages), and is closely related to Estonian and distantly related to Hungarian. Finnish has been recorded as a written language since the sixteenth century.

Finnish has no articles (a, an, the) or gender; the personal pronoun *hän* means both "he" and "she." Finnish has few prepositions; instead, case endings are added to words, or *"postpositions"* are placed after them, to express "in," "from," "behind," etc:

|  | talo | a house |
|---|---|---|
| Cases: | talossa | in the house |
|  | talosta | from the house |
|  | taloon | into the house |
| Postpositions: | talon edessä | in front of the house |
|  | talon takana | behind the house |

There are fifteen cases for nouns, pronouns, adjectives, and numerals. No attempt has been made to teach Finnish grammar in this book, but using the phrases given here will enable the reader to communicate correctly.

## NOTES ON THE USE OF THIS BOOK

This book is divided into sections according to the situations likely to be encountered by travelers and foreign residents in Finland. While most sections of the book are alphabetized according to the English entries, lists of terms likely to appear in Finnish (food, public notices, etc.) are alphabetized according to the Finnish words for easy reference. In addition, the index forms an instant English-Finnish glossary of terms helpful to travelers.

The material in this book has been selected chiefly to teach you many essential phrases, sentences and questions for travel. It will serve as an introduction to the spoken language if you are beginning your study. The sentences will be useful whether or not you go on to further study. With the aid of a dictionary, many sentence patterns included here will answer innumerable needs, for example: "Where is [the customs office]?" The brackets indicate that substitutions can be made for the words in brackets with the use of the index or a bilingual dictionary. In other sentences, for the words in square brackets you can substitute the words immediately following (in the same sentence or in the indented entries below it). For example, the entry

The room is [too cold] [too hot]

provides two sentences: "The room is too cold" and "The room is too hot." Three sentences are provided by the following entries:

Here is [our baggage].
—my passport.
—my identification card.

As your Finnish vocabulary grows, you will find that you can express an increasingly wide range of thoughts by the proper substitution of words in these model sentences.*

Please note that while brackets always indicate the possibility of substitutions, parentheses have been used to indicate synonyms or alternative usage for an entry, such as:

How are things? (OR: How are you?)

Occasionally, parentheses are used to clarify a word or to explain some nuance of meaning that may be implicit in either the English or Finnish phrase. A special effort has been made to give the reader the idiomatic phrases which native speakers of Finnish use in particular situations. Therefore, the phrases in Finnish are often not exact translations of the English entries. Whenever a more literal translation of a Finnish phrase is supplied, it follows (in parentheses) the abbreviation LIT.

As in most European languages, there is a distinction in Finnish between formal and informal (or familiar) ways of addressing people. When speaking to strangers and people in service professions, or when speaking to more than one person, you would use the formal address. Since the familiar forms are becoming more and more common, particularly among young people, they have been included as alternatives in certain phrases. When given, the familiar forms are preceded by the abbreviation FAM.

You will notice that the word "please" has been omitted from many of the English sentences. This was

---

* While the words you substitute from the index or a bilingual dictionary will not always be in the proper form, speakers of Finnish should have no trouble understanding what you mean.

done merely to make them shorter and clearer, and to avoid repetition. Idiomatic Finnish devices for expressing politeness have been incorporated in the Finnish phrases throughout this book, particularly in requests. In addition, you may read the footnote on page 1 on the Finnish equivalents for "please."

You will find the extensive index at the end of the book helpful. Capitalized items in the index refer to section headings and give the number of the page on which the section begins. All other numbers refer to *entry numbers*. All the entries in the book are numbered consecutively. With the aid of the index, you will find many words and phrases at a glance.

# PRONUNCIATION

We have supplied an explanatory chart of the simplified phonetic transcription used in this book to aid you in correct pronunciation. Read the notes carefully to become familiar with the transcription system. You will probably want to rely on the transcription when you begin using this book, but since written Finnish is a very consistent and nearly phonetic representation of spoken Finnish, you may soon find it easy to read directly from the Finnish text.

## LENGTH

The distinction between *long* and *short* consonants and vowels is very important in Finnish. Long sounds are indicated by a double letter in written Finnish, as they are in our transcription, except when a double letter might cause confusion for English speakers. For an idea of the difference between long and short sounds, compare the phrases "*all little*" and "*a little*" or "to*p p*art" and "to *p*art" for consonants, and compare the vowels sounds in "b*a*d" and "b*a*t" or "f*ee*d" and "f*i*t." The difference between long and short sounds is even greater in Finnish, and it must be observed closely. The following words, for example, are distinguished only by length of sound:

| Written Finnish | Transcription | Meaning |
|---|---|---|
| taka | TA-ka | back (a prefix) |
| takaa | TA-kaa | from behind |
| takka | TAK-ka | fireplace |
| taakka | TAAK-ka | burden |

In certain circumstances consonants spelled with one letter are pronounced long; this will be reflected in the transcription. In the chart below, consonants are given in their short variant only, while vowels are given in both long and short variants. When pronouncing a long consonant, hold it (count to three!) before you release it, and then finish the word.

## SIMPLE CONSONANTS AND VOWELS

| Finnish letter | Transcription | Remarks |
|---|---|---|
| aa | aa | A long sound very much like the *aa* in *baa*, *baa* black sheep. |
| a | a | Like the *o* in American *pot*; very short. |
| d | d | Like *d* in *lady* but very weak. |
| ee | ē | Like the first part of the *ai* sound in *dairy* but much longer; similar to *eh* in German '*geh*'; same vowel quality throughout. |
| e | e | Like the *e* in *let*; very short. |
| h | h, hh | Like *h* in *hat*; also pronounced in the end of a syllable, where it is transcribed *hh* to avoid confusion with the silent English *h*. |
| ii | ee | Like the *ee* in *feed* or the *i* in *machine*, but longer. |
| i | i | Between the *i* in *pit* and the *ee* in *meet* in sound quality; very short. |
| j | y | As in *yet*. |
| k | k | Like *k* in *skin*. In Finnish, *k*, *p* and *t* are not aspirated (followed by a puff of air) as they are when they begin a word in English. |
| l | l | Like *l* in *sleep*. Pronounced further forward in the mouth than in American English. |

| Finnish letter | Transcription | Remarks |
|---|---|---|
| m | m | As in *m*ilk. |
| n | n, n̄g | As in *n*ick. Like the *ng* in si*ng*ing before *k*. |
| ng | n̄g | Like the *ng* in si*ng*ing, but longer. Note that there is never a *g* sound at the end of *ng* (as there is in English fi*ng*er). The letter *g* occurs only after *n* in native Finnish words. |
| oo | ō | Very much like *aw* in law but longer and pronounced with rounded lips (as if blowing out a candle). Same vowel quality throughout. |
| o | o | Same vowel quality as ō above, but very short. |
| p | p | As in s*p*in. |
| r | r | A rolled *r*, formed by trilling the tongue against the ridge above the teeth on the roof of the mouth. (Like a Spanish or Scottish *r*.) |
| s | s | As in s*k*in, never as in no*s*e. Short *s* sometimes sounds somewhat like *sh*. |
| t | t | As in s*t*ing, but sometimes very weak. |
| uu | ōo | Very much like *oo* in wh*oo* (imitation of an owl's hoot). |
| u | oo | Similar to *oo* in b*oo*k but more rounded; very short. |

| Finnish letter | Transcription | Remarks |
| --- | --- | --- |
| v | v | As in very. |
| yy | üü | Similar to ü in German 'müde' or u in French 'mur,' but longer. (Say ee as in see, then round your lips as if blowing out a candle while keeping your tongue in the same position.) |
| y | ü | Same vowel quality as above; very short. |
| ää | ää | Very much like the a in bad or a stretched-out pronunciation of tha-a-anks. |
| ä | ä | As in hat; very short. |
| öö | öö | Very much like ö in German 'böse' or eu in French 'peur,' pronounced with rounded lips. (Similar to the ir in British English sir, but more rounded and longer.) |
| ö | ö | Same vowel quality as öö above, but very short. |

The letters b, c, f, q, w, x and z are found only in words borrowed from other languages, and they are pronounced as in the original language.

The letters w and y have sometimes been placed between vowels in the transcription, when they help to reflect Finnish pronunciation more accurately.

# DIPHTHONGS

Finnish is rich in diphthongs, i.e., combinations of two different vowels in one syllable. The diphthongs are marked in the transcription with a loop connecting the vowels. They should be pronounced in one breath, with the first vowel longer than the second. While a few Finnish diphthongs are very much like diphthongs found in English, others are less mysterious about them, however; to practice them, simply start by repeating the two vowels, then join them into one syllable.

| Finnish letters | Transcription | Remarks |
|---|---|---|
| ai | a‿i | Very much like *ai* in *aisle*. |
| ei | e‿i | Very much like *ey* in the*y*. |
| oi | o‿i | Very much like *oi* in *voice*. |
| ui | oo‿i | Like *ewey* in *Dewey*, pronounced as one syllable. |
| yi | ü‿i | Resembles *ewey* in *Dewey*, but pronounced in the front of the mouth, with rounded lips. Like *ui* in French '*suis*.' |
| äi | ä‿i | Resembles *ai* in *pail*, but pronounced in the front of the mouth (see *ä* above). |
| öi | ö‿i | Resembles *oi* in *soil*, but pronounced in the front of the mouth (see *ö* above). |

| Finnish letters | Transcription | Remarks |
|---|---|---|
| au | a‿oo | Very much like *ow* in *cow*, but longer. |
| eu | e‿oo | A combination of *e* as in *set* and *oo* as in *pool* in a single syllable. Like *ere* in *where* as pronounced by a child who uses *w* for *r*. |
| iu | i‿oo | Somewhat like *eu* in *reunite*, but pronounced in one syllable. |
| ou | ō‿oo | Very much like *o* in *so*, but longer and more rounded. |
| äy | ä‿ü | Resembles *ow* in *cow*, but pronounced in the front of the mouth with rounded lips on the *ä* component (see *ä* and *y* [*ü*] above). |
| öy | ö‿ü | Resembles *o* in *so*, but pronounced in the front of the mouth with rounded lips (see *ö* and *y* [*ü*] above). |
| ie | ee‿e | Like *ee E* in *see Ellen*, but pronounced as one syllable. |
| uo | o͞o‿o | Somewhat like *oo* in *too* old, rounded and pronounced as one syllable. |
| yö | ü‿ö | Somewhat like *uo* (o͞o‿o) above, but pronounced in the front of the mouth with rounded lips (see *y* [*ü*] and *ö* above). |

## STRESS

The main word stress is always on the first syllable. In our transcription system, syllables of polysyllabic words are separated by hyphens, with the stressed syllable always printed in capital letters. It is important to remember that the vowels and consonants of unstressed syllables are pronounced just as clearly and distinctly as in stressed syllables. It is also important to keep stress and length separate. Often a short syllable will be in a stressed position and a long syllable in an unstressed position, as in *Menkää hotelliin* ("Go to the hotel"), pronounced *MENG-kää HO-tel-leen*.

An attempt has been made in the transcription to show stress patterns within phrases. For that reason monosyllabic words may be printed in capital letters.

Finnish words are often lengthy, due to suffixation and compounding. To make it easier for the reader to pronounce and segment words, the components of compounds are separated in the transcription by a + sign (e.g., police station: *poliisiasema = PO-lee-si+a-se-ma*). The secondary stress which falls on the first syllable of each later component of a compound can be inferred from the + sign.

## INTONATION

No attempt has been made to show intonation in the transcription. All Finnish sentences, statements and questions alike, follow a similar falling intonation pattern; they start higher and finish lower. Questions are formed not by changing the intonation, but by adding the particle

*-ko* (or *-kö*): *Puhut suomea,* "You speak Finnish," becomes *Puhut*ko *suomea?,* "Do you speak Finnish?"

In this phonetic system, ultimate precision and consistency have occasionally been sacrificed for simplicity and ease of comprehension, since the transcription can serve at best only as an approximation of correct pronunciation. You will discover that there are probably no sounds in Finnish that you cannot pronounce and you will be surprised at how well you can make yourself understood.

# EVERYDAY PHRASES

**1. Hello** (OR: **Hi**).  Päivää (FAM.: Terve, OR: Hei).
*PÄ‿I-vää* (FAM.: *TERR-ve*, OR: *he‿i*).

**2. Good day.**  Hyvää päivää (OR: Päivää).
*HÜ-vää PÄ‿I-vää* (OR: *PÄ‿I-vää*).

**3. Good morning.**  Hyvää huomenta (OR: Huomenta).
*HÜ-vää HOO‿O-menn-ta* (OR: *HOO‿O-menn-ta*).

**4. Good evening.**  Hyvää iltaa (OR: Iltaa).
*HÜ-vää ILL-taa* (OR: *ILL-taa*).

**5. Good night.**  Hyvää yötä.  *HÜ-vää Ü‿Ö-tä.*

**6. Welcome!**  Tervetuloa!  *TERR-vet+too-lo-a!*

**7. Goodbye!**
Näkemiin!  *NÄ-ke-meen!* (OR: *nä-ke-MEEN!*)

**8. Pleased to meet you.**
Hauska tavata.  *HA‿OOS-ka TA-va-ta.*

**9. See you later.**
Nähdään vielä.  *NÄHH-dään VEE‿E-lä.*

**10. Yes.**  Kyllä (OR: Niin, OR: Joo).
*KÜL-lä* (OR: *neen*, OR: *yō*).

**11. No.**  Ei.  *e‿i.*

**12. Perhaps** (OR: **Maybe**).  Ehkä.  *EHH-kä.*

**13. Please.*****  Olkaa (FAM.: Ole) hyvä.
*OLL-kaa* (FAM.: *O-le*) *HÜ-vä.*

---

* "Please" is expressed in various ways in Finnish. Throughout this book, the requests are polite, so you can use them as they are presented here. *Olkaa hyvä* (FAM.: *Ole hyvä*) corresponds to "please" in requests, and is also used when serving or giving something to someone. It is then equivalent to "Here you are." In addition to the sentence pattern "Please show it to me" (*Olkaa hyvä, näyttäkää se minulle*), requests are often also

**14. Excuse me.**   Anteeksi.   *ANN-tēk-si.*

**15. Thanks** (OR: **Thanks very much**).
Kiitos (OR: Kiitoksia paljon).
*KEE-toss* (OR: *KEE-tok-si-a PALL-yon*).

**16. You are welcome** (OR: **Don't mention it**).
Ei kestä.   *E_I KESS-tä.*

**17. All right** (OR: **Very good**).
Hyvä on (OR: No hyvä).   *HÜ-vä ON* (OR: *NO HÜ-vä*).

**18. It doesn't matter.**   Ei se mitään (haittaa).
*E_I se MI-tään (HA_IT-taa).*

**19. Don't bother.**
Älkää vaivautuko (FAM.: Älä vaivaudu).
*ÄLL-kää VA_I-va‿oo-too-ko* (FAM.: *Ä-lä
VA_I-va‿oo-doo*).

**20. I am sorry** (OR: **Excuse me**).   Anteeksi.   *ANN-tēk-si.*

**21. I am sorry (expressing sympathy).**
Olen hyvin pahoillani.   *O-len HÜ-vin PA-ho‿il-la-ni.*

**22. You have been** (LIT.: **This has been**) **very kind.**
Tämähän on ollut ystävällistä.
*TÄ-mä-hän on OL-loot ÜSS-tä-väl-lis-tä.*

**23. Thank you for your help.**
Kiitoksia avusta.   *KEE-tok-si-a A-voos-ta.*

---

expressed according to the pattern "Would you show it to me?"
(*Näyttäisittekö sen minulle?*). When an English request appears
in this book as a question in Finnish, it is because this pattern
has been used in translating it.

**24. Come in.** Käykää (FAM.: Käy) sisään.
*KÄ‿Ü-kää* (FAM.: *KÄ‿ÜS) SI-sään.*

**25. Come here.** Tulkaa (FAM.: Tule) tänne!
*TOOL-kaa* (FAM.: *TOO-let) TÄN-ne!*

**26. Come with me** (LIT.: **Come along**).
Tulkaa (FAM.: Tule) mukaan.
*TOOL-kaa* (FAM.: *TOO-lem) MOO-kaan.*

**27. Come back later** (LIT.: **Come again**).
Tulkaa (FAM.: Tule) uudestaan.
*TOOL-kaa* (FAM.: *TOO-le) OO-des-taan.*

**28. Come early.** Tulkaa (FAM.: Tule) vähän aiemmin.
*TOOL-kaa* (FAM.: *TOO-le) vähän A‿I-em-min.*

**29. Wait a minute.** Odottakaa (FAM.: Odota) hetkinen!
*O-dot-ta-kaa* (FAM.: *O-do-ta) HET-ki-nen!*

**30. Wait for us.** Odottakaa (FAM.: Odota) meitä!
*O-dot-ta-kaa* (FAM.: *O-do-tam) ME‿I-tä!*

**31. Not yet.** Ei vielä. *E‿I VEE‿E-lä.*

**32. Not now.** Ei nyt. *E‿I NÜT.*

**33. Listen.** Kuulkaapas! (FAM.: Kuulepas!)
*KOOL-kaa-pas!* (FAM.: *KOO-lep-pas!)*

**34. Look!** Katsokaa! (FAM.: Katso!)
*KAT-so-kaa!* (FAM.: *KAT-so!)*

**35. Be careful.** Varokaa! (FAM.: Varo!)
*VA-ro-kaa!* (FAM.: *VA-ro!)*

---

* See footnote, p. 16.

# SOCIAL PHRASES

**36. May I introduce [Mrs. Piha]?**
Saanko esitellä? Tässä on [rouva Piha].
*SAANG-ko E-si-tel-lä? TÄS-sä on [RŌ͟_OO-va PI-ha].*

**37. —Miss Mattila.**
—neiti Mattila.    *—NE͟_I-ti MAT-ti-la.*

**38. —Mr. Jokela.**
—herra Jokela.*    *—HER-ra YO-ke-la.*

**39. How are things? (OR: What's new?)**
Mitä kuuluu?    *MI-tä kōō-lōō?*

**40. All right (OR: Fine).**
Kiitos hyvää.    *KEE-tos HÜ-vää.*

**41. So, so.**   Siinähän se menee (OR: Ei hullumpaa).
*SEE-nä-hän se ME-nē (OR: E͟_I HOOL-loom-paa).*

**42. How do you do? (very formal)**
Kuinka voitte?    *KOO͟_ING-ka VO͟_IT-te?*

**43. Very well thanks, and you? (formal)**
Kiitos hyvin. Entä te?    *KEE-tos HÜ-vin. ENN-tä TE?*

**44. Please have a seat.**
Istukaa, olkaa hyvä (FAM.: Istu, ole hyvä).
*ISS-too-kaa, OLL-kaa HÜ-vä (FAM.: ISS-too, O-le HÜ-vä).*

**45. It's nice to see you again.**
Hauska tavata taas.    *HA͟_OOS-ka TA-va-tat taas.*

---

\* *Herra,* "Mr.," is seldom used; Finns are usually introduced
with their professional titles, which they also use in private life.
As long as you are on formal terms (*te*) with people, the
correct use of titles does matter. Some of the more common ones
are *maisteri* (*MA͟_IS-te-ri*) for people with a master's degree,
*tohtori* (*TOHH-to-ri*) for those with an M.D. or Ph.D., *tuomari*
(*TŌŌ͟_O-ma-ri*) for attorneys and *johtaja* (*YOHH-ta-ya*) for
businessmen. (All these titles are also used for women.)

**46. Congratulations.**

Onnea! (OR: Onneksi olkoon! OR: Onnittelen!)

*ON-ne-a!* (OR: *ON-nek-si OLL-kōn!* OR: *ON-nit-te-len!*)

**47. Happy birthday!**

Onnea syntymäpäivänänne (FAM.: syntymäpäivänäsi).

*ON-ne-a SÜN-tü-mü+pä⏝i-vä-nän-ne* (FAM.: *SÜNN-tü-mä+pä⏝i-vä-nä-si*).

**48. Happy anniversary!** Onnea hääpäivän johdosta!

*ON-ne-a HÄÄ+pä⏝i-vän YOHH-dos-ta!*

**49. I like you very much.**

Pidän teista (FAM.: sinusta) kovasti.

*PI-dän TE⏝IS-tä* (FAM.: *SI-noos-ta*) *KO-vas-ti.*

**50. I love you.**

Minä rakastan sinua.  *MI-nä RA-kass-tan SI-noo-a.*

**51. May I see you again?** (LIT.: Can we meet again?)

Voimmeko tavata uudelleen?

*VO⏝IM-me-ko TA-va-ta ŌO-del-lēn.*

**52. Let's make a date for next week.** (LIT.: Shall we meet next week?)

Tavataanko ensi viikolla?

*TA-va-taanḡ-ko ENN-si VEE-kol-la?*

**53. I have enjoyed myself very much** (LIT.: It certainly has been fun).

Kylläpä on ollut hauskaa.

*KÜL-lä-pä on OL-loot HA⏝OOS-kaa.*

**54. Give my regards to your [friend].**

Terveisiä [ystävällenne (FAM.: ystävällesi)].

*TERR-ve⏝i-si-ä [ÜSS-tä-väl-len-ne* (FAM.: *ÜSS-tä-väl-le-si)].*

**55. —boy friend.**

—poikaystävällenne (FAM.: poikaystävällesi).

*—PO⏝I-ka+üss-tä-väl-len-ne* (FAM.: *PO⏝I-ka-üss-tä-väl-le-si).*

**56. —girl friend.**
—tyttöystävällenne (FAM.: tyttöystävällesi).
—*TÜT-tö+üss-tä-väl-len-ne* (FAM.: *TÜT-tö+üss-tä-väl-le-si*).
See also "Family," p. 144.

# BASIC QUESTIONS

**57. What?**  Mitä?  *MI-tä?*

**58. What did you say?**  Mitä sanoitte (FAM.: sanoit)?
*MI-tä SA-no͜it-te* (FAM.: *SA-no͜it*)?

**59. What is [this] [that]?**
Mikä [tämä] [tuo] on?*  *MI-kä [TÄ-mä] [TŌŌ͜O] on?*

**60. What is [this] [that]?**
Mitä [tämä] [tuo] on?*  *MI-tä [TÄ-mä] [TŌŌ͜O] on?*

**61. What should I do?**
Mitä minä nyt tekisin?  *MI-tä MI-nä nüt TE-ki-sin?*

**62. What is the matter?**
Mikä hätänä? (OR: Onko jotain vialla?)
*MI-kä HÄ-tä-nä?* (OR: *ONG-ko YO-ta͜in VI-al-la?*)

**63. What do you want?**  Mitä haluatte (FAM.: haluat)?
*MI-tä HA-loo-at-te* (FAM.: *HA-loo-at*)?

**64. When?**  Milloin?  *MIL-lo͜in?*

**65. When does it [leave]?**
Milloin se [lähtee]?  *MIL-lo͜in se [LÄHH-tē]?*

**66. —arrive.**  —saapuu.  —*SAA-pōō.*

**67. —begin.**  —alkaa.  —*ALL-kaa.*

---

* *Mikä* is used when asking questions about individual objects, while *mitä* is used for asking about divisible substances, or when no specific object is meant.

**68. —end.** —loppuu. —*LOP-pōō.*

**69. Where?** Missä? *MIS-sä?*

**70. Where is it?** Missä se on? *MIS-sä se ON?*

**71. Why?** Miksi? *MIK-si?*

**72. How?** Kuinka? *KOO͞_ING-ka?*

**73. How long?** Kuinka kauan? (OR: Kauanko?)
*KOO͞_ING-ka KA͜_OO-wan?* (OR: *KA͜_OO-waṅg-ko?*)

**74. How far?**
Kuinka kaukana? *KOO͞_ING-ka KA͜_OO-ka-na?*

**75. How much?** Kuinka paljon? (OR: Paljonko?)
*KOO͞_ING-ka PALL-yon?* (OR: *PALL-yoṅg-ko?*)

**76. How many?** Kuinka monta? (OR: Montako?)
*KOO͞_ING-ka MONN-ta?* (OR: *MONN-ta-ko?*)

**77. How do you do it?**
Kuinka se tehdään? *KOO͞_ING-ka se TEHH-dään?*

**78. How does it work?**
Kuinka se toimii? *KOO͞_ING-ka se TO͜_I-mee?*

**79. Who?** Kuka? *KOO-ka?*

**80. Who are you?**
Kuka te olette? (FAM.: Kuka sinä olet?)
*KOO-ka TE O-let-te?* (FAM.: *KOO-ka SI-nä O-let?*)

**81. Who is [that boy]?**
Kuka [tuo poika] on? *KOO-ka [tōō_o PO͜_I-ka] on?*

**82. —that girl.** —tuo tyttö. —*tōō_o TÜT-tö.*

**83. —this man.** —tämä mies. —*tä-mä MEE͜_ES.*

**84. —that woman.** —tuo nainen. —*tōō_o NA͜_I-nen.*

**85. Am I [on time]?**
Tulinko [ajoissa]? *TOO-liṅg-ko [A-yo͜_is-sa]?*

**86. —early.**
—liian aikaisin.   —*LEE-yan A‿I-ka‿i-sin.*

**87. Am I late?**
Olenko myöhässä?   *O-leñg-ko MÜ‿Ö-häs-sä?*


# TALKING ABOUT YOURSELF

**88. What is your name?**
Mikä teidän nimenne on? (FAM.: Mikä sinun nimesi on?)
*MI-kä TE‿I-dän NI-men-ne on?* (FAM.: *MI-kä SI-noon
NI-me-si on?*)

**89. I am [Jussi Halonen].**
Olen [Jussi Halonen].   *O-len* [*YOOS-si HA-lo-nen*].

**90. My name is [Jussi].**
Nimeni on [Jussi].   *NI-me-ni on* [*YOOS-si*].

**91. I am [21] years old.**
Olen [kaksikymmentäyksi]-vuotias.
*O-len* [*KAK-si+küm-men-tä+ük-si*]+*vōō‿o-ti-as.*

**92. I am [an American citizen].**
Olen [Amerikan kansalainen].
*O-len* [*A-me-ri-kan KAN-sa-la‿i-nen*].

**93. My address is [Tullikatu 6. A. 12].**
Osoitteeni on [Tullikatu kuusi. A. kaksitoista].
*O-so‿it-tē-ni on* [*TOOL-li+ka-too KŌŌ-si. AA.
KAK-si+to‿is-ta*].

**94. I am [a student].**
Olen [opiskelija].   *O-len* [*O-pis-ke-li-ya*].

**95. —a teacher.** —opettaja.   —*O-pet-ta-ya.*

**96. —a businessman.**
—liikemies.   —*LEE-kem+mee‿es.*

**97. What is your job?** (OR: **What do you do?**)
Missä olette työssä? (OR: Mitä te teette?)
*MIS-sä O-let-te TÜ_ÖS-sä?* (OR: *MI-tä te TĒT-te?*)

**98. I am a friend of [Matti Hakala's].**
Olen [Matti Hakalan] ystävä.
*O-len [MAT-ti HA-ka-lan] ÜSS-tä-vä.*

**99. He works for [Sampo].** Hän on työssä [Sampossa].
*HÄN on TÜ_ÖS-sä [SAMM-pos-sa].*

**100. I am here [on a vacation].**
Olen täällä [lomalla]. *O-len TÄÄL-lä [LO-mal-la].*

**101. —on a business trip.**
—liikematkalla. *—LEE-kem+mat-kal-la.*

**102. I have been here [one week].**
Olen ollut täällä [viikon].
*O-len OL-loot TÄÄL-lä [VEE-kon].*

**103. We plan to stay here until [Friday].**
Olemme täällä [perjantaihin] saakka.
*O-lem-me TÄÄL-lä [PERR-yan-ta_i-hin] SAAK-ka.*

**104. I am traveling [to Turku].** Olen matkalla [Turkuun].
*O-len MAT-kal-la [TOORR-koon].*

**105. I am [in a hurry].***
Minulla on [kiire]. *MI-nool-la on [KEE-re].*

**106. —cold.** —kylmä. *—KÜLL-mä.*

**107. —warm.** —lämmin. *—LÄM-min.*

**108. —hungry.** —nälkä. *—NÄLL-kä.*

**109. —thirsty.** —jano. *—YA-no.*

**110. —busy.** —kiireitä. *—KEE-re_i-tä.*

* *Minulla on* is the Finnish phrase for "I have." Thus, "I am in a hurry" above corresponds to "I have haste."

**111. I am tired.**
Minua väsyttää.   *MI-noo-a VÄ-süt-tää.*

**112. I am [glad].**   Olen [iloinen].   *O-len [I-lo‿i-nen].*

**113. —disappointed.**   —pettynyt.   *—PET-tü-nüt.*

**114. I cannot do it.**
En voi tehdä sitä.   *EN VO‿I TEHH-däs SI-tä.*

**115. We are [glad] [happy].**
Olemme [iloisia] [onnellisia].
*O-lem-me [I-lo‿i-si-ya] [ON-nel-li-si-ya].*

**116. —unhappy.**   —onnettomia.   *—ON-net-to-mi-ya.*

**117. —angry.**   —vihaisia.   *—VI-ha‿i-si-ya.*

# MAKING YOURSELF UNDERSTOOD

**118. Do you speak [English]?**
Puhutteko [englantia]?   *POO-hoot-te-ko [E̅N̅G-lan-ti-a]?*

**119. Where is [English] spoken?**
Missä täällä puhutaan [englantia]?
*MIS-sä TÄÄL-lä POO-hoo-taan [E̅N̅G-lan-ti-a]?*

**120. Does anyone here speak [French]?**
Puhuuko täällä kukaan [ranskaa]?
*POO-hoo̅-ko TÄÄL-lä KOO-kaan [RANS-kaa]?*

**121. I read only [Italian].**   Osaan lukea vain [italiaa].
*O-saan LOO-ke-a VA‿IN [I-ta-li-aa].*

**122. I speak a little [German].**
Puhun vähän [saksaa].   *POO-hoon VÄ-hän [SAK-saa].*

**123. Speak more slowly.**   Puhuisitteko hitaammin.
*POO-hoo‿i-sit-te-ko HI-taam-min.*

**124. I understand.**   Ymmärrän.   *ÜM-mär-rän.*

**125. I do not understand.**
En ymmärrä. *EN ÜM-mär-rä.*

**126. Do you understand me?**
Ymmärrättekö (FAM.: Ymmärrätkö) minua?
*ÜM-mär-rät-te-kö* (FAM.: *ÜM-mär-rät-kö*) *MI-noo-a?*

**127. I know.** Tiedän. *TEE‿E-dän.*

**128. I do not know.** En tiedä. *EN TEE‿E-dä.*

**129. I think so.** Luulen niin. *LOO-len NEEN.*

**130. Could you repeat it?**
Voitteko (FAM.: Voitko) toistaa?
*VO‿IT-te-ko* (FAM.: *VO‿IT-ko*) *TO‿IS-taa?*

**131. Write it down.**
Kirjoittakaa (FAM.: Kirjoita) se (muistiin).
*KIRR-yo‿it-ta-kaa* (FAM.: *KIRR-yo‿i-ta*) *se*
    (*MOO‿IS-teen*).

**132. Answer "yes" or "no."**
Vastatkaa (FAM.: Vastaa) "kyllä" tai "ei".
*VASS-tat-kaa* (FAM.: *VASS-taak*) *"KÜL-lä" ta‿i "E‿I".*

**133. You are right.** Olette (FAM.: Olet) oikeassa.
*O-let-te* (FAM.: *O-let*) *O‿I-ke-as-sa.*

**134. You are mistaken.** Olette (FAM.: Olet) erehtynyt.
*O-let-te* (FAM.: *O-let*) *E-rehh-tü-nüt.*

**135. What does [this word] mean?**
Mitä [tämä sana] merkitsee?
*MI-tä [TÄ-mä SA-na] MERR-kit-sē?*

**136. How do you say ["pencil"] in Finnish?**
Mitä ["pencil"] on suomeksi?
*MI-tä ["pencil"] on SOO‿O-mek-si?*

**137. How do you spell [Rovaniemi]?**
Miten [Rovaniemi] kirjoitetaan?
*MI-ten [RO-va+nee‿e-mi] KIRR-yo‿i-te-taan?*

# DIFFICULTIES AND MISUNDERSTANDINGS

**138. Where is [the American Embassy]?**
Missä [Amerikan Suurlähetystö] on?
*MIS-sä [A-me-ri-kan SŌŌR+lä-he-tüs-tö] on?*

**139. —the police station.**
—poliisiasema. *—PO-lee-si+a-se-ma.*

**140. —the lost-and-found office.** —löytötavaratoimisto.
*—LÖ‿Ü-tö+ta-va-ra+to‿i-mis-to.*

**141. May I speak [with the manager]?**
Saisinko puhua [johtajan kanssa]?
*SA‿I-sin͞g-ko POO-hoo-a [YOHH-ta-yan KANS-sa]?*

**142. —with your superior.** —esimiehenne kanssa.
*—E-si+mee‿e-hen-ne KANS-sa.*

**143. Can you help me?** Voisitteko auttaa minua?
*VO‿I-sit-te-ko A‿OOT-taa MI-noo-a?*

**144. Could you tell me how to get there?**
Voisitteko sanoa, miten sinne pääsee?
*VO‿I-sit-te-ko SA-no-am MI-ten SIN-nep PÄÄ-seē?*

**145. I am looking for my friend.**
Etsin ystävääni. *ETT-sin ÜSS-tä-vää-ni.*

**146. I am lost.** Olen eksyksissä. *O-len EK-sük-sis-sä.*

**147. I cannot find [the address].**
En löydä [osoitetta]. *EN LÖ‿Ü-dä [O-so‿i-tet-ta].*

**148. She has lost [her handbag].**
Hän on kadottanut [käsilaukkunsa].
*HÄN on KA-dot-ta-noot [KÄ-si+la‿ook-koon-sa].*

**149. We forgot [our keys].** Meiltä unohtui [avaimet].
*ME‿IL-tä OO-nohh-too‿i [A-va‿i-met].*

**150. We missed [the train].** Myöhästyimme [junasta].
*MÜ͟_Ö-häs-tü͟_im-me [JOO-nass-ta].*

**151. It is not my fault.** Ei se ole minun vikani.
*E͟_I SE O-lem MI-noon VI-ka-ni.*

**152. I do not remember [the name].**
En muista [nimeä]. *EN MOO͟_IS-tan [NI-me-ä].*

**153. What is wrong?** Mikä vikana? *MI-kä VI-ka-na?*

**154. Leave us alone!** (LIT.: **Let us be in peace!**)
Antakaa meidän olla rauhassa!
*ANN-ta-kaa ME͟_I-dän OL-lar RA͟_OO-has-sa!*

**155. Go away!** Menkää (FAM.: Mene) pois!
*MENG-kää (FAM.: ME-nep) PO͟_IS!*

**156. Help!** Apua! *A-poo-a!*

**157. Police!** Poliisi! *PO-lee-si!*

**158. Thief!** Varas! *VA-ras!*

**159. Fire!** Tulipalo! *TOO-li+pa-lo!*

**160. Look out!**
Varokaa! (FAM.: Varo!) *VA-ro-kaa!* (FAM.: *VA-ro!*)

**161. This is an emergency.**
Tämä on hätätilanne. *TÄ-mä on HÄ-tä+ti-lan-ne!*

# CUSTOMS

**162. Where is [the customs office]?**
Missä [tullitoimisto] on?
*MIS-sä [TOOL-li+to͟_i-mis-to] on?*

**163. Here is [our baggage].**
Tässä on [matkatavaramme].
*TÄS-sä on [MAT-ka+ta-va-ram-me].*

**164. —my passport.** —passini. *—PAS-si-ni.*

**165. —my identification card.**
—henkilöllisyystodistukseni.
—*HENG-ki-löl-li-süüs+to-dis-took-se-ni.*

**166. —my health certificate.**
—terveystodistukseni.　—*TERR-ve-üs+to-dis-took-se-ni.*

**167. —my visitor's visa.**
—vierailuviisumini.　—*VEE⌣E-ra⌣i-loo+vee-soo-mi-ni.*

**168. I am in transit.**　Olen läpikulkumatkalla.
*O-len LÄ-pi+kool-koo+mat-kal-la.*

**169. [The bags over there] are mine.**
[Nuo laukut] ovat minun.
[*NŌŌ⌣O LA⌣OO-koot*] *O-vat MI-noon.*

**170. Must I open everything?**　Täytykö kaikki avata?
*TÄ⌣Ü-tüü-kö KA⌣IK-ki A-va-ta?*

**171. I cannot open [the trunk].**
En saa [arkkua] auki.　*EN SAA* [*ARK-koo-a*] *A⌣OO-ki.*

**172. There is nothing here [but clothing].**
Tässä on vain [vaatteita].
*TÄS-sä on VA⌣IN* [*VAAT-te⌣i-ta*].

**173. I have nothing to declare.**
Minulla ei ole mitään tullattavaa.
*MI-nool-la E⌣I O-lem MI-tään TOOL-lat-ta-vaa.*

**174. Everything is for my personal use.**
Kaikki on omaan käyttööni.
*KA⌣IK-ki ON O-maan KÄ⌣ÜT-töö-ni.*

**175. I bought [this necklace] in the United States.**
Ostin [tämän kaulakorun] Yhdysvalloista.
*OSS-tin* [*TÄ-män KA⌣OO-la+ko-roon*] *ÜHH-düs+val-lo⌣is-ta.*

**176. These are [gifts].**
Nämä ovat [tuliaisia].　*NÄ-mä O-vat* [*TOO-li-a⌣i-si-a*].

**177. This is everything.**
Tässä on kaikki.   *TÄS-sä on KA̲_IK-ki.*

**178. Must duty be paid on [these things]?**
Täytyykö [näistä tavaroista] maksaa tullia?
*TÄ̲_Ü-tüü-kö [NÄ̲_IS-tä TA-va-ro̲_is-ta] MAK-saat*
*TOOL-li-a?*

**179. Have you finished?**
Joko olette lopettanut?   *YO-ko O-let-te LO-pet-ta-noot?*

# BAGGAGE

**180. Where can we check our luggage through to
[Lahteen]?**
Mistähän voisimme lähettää matkatavarat [Lahteen]?
*MISS-tä-hän VO̲_I-sim-me LÄ-het-tää MAT-ka+ta-*
*va-rat [LAHH-tēn]?*

**181. These things [to the left] [to the right] belong to me.**
Nämä tavarat [tässä vasemmalla] [tässä oikealla] ovat
minun.
*NÄ-mä TA-va-rat [TÄS-sä VA-sem-mal-la] [TÄS-sä*
*O̲_I-ke-al-la] O-vat MI-noon.*

**182. I cannot find all my baggage.**
En ole löytänyt kaikkia tavaroitani.
*EN O-lel LÖ̲_Ü-tä-nüt KA̲_IK-ki-a TA-va-ro̲_i-ta-ni.*

**183. One of [my packages] is missing.**
Minulta puuttuu vielä yksi [paketti].
*MI-nool-ta PŌŌT-tōō VEE̲_E-lä ÜK-si [PA-ket-ti].*

**184. I want to leave [this suitcase] here [for a few days].**
Haluaisin jättää [tämän matkalaukun] tänne [muutamaksi
päiväksi].
*HA-loo-a̲_i-sin YÄT-tää [TÄ-män MAT-ka+la̲_oo-*
*koon] TÄN-ne [MŌŌ-ta-mak-si PÄ̲_I-väk-si].*

**185. May I have a receipt for the baggage?**
Saisinko matkatavarakuitin?
*SA‿I-siṅg-ko MAT-ka+ta-va-ra+koo‿i-tin?*

**186. I have [a black trunk].** Minulla on [musta arkku].
*MI-nool-la on [MOOS-ta ARK-koo].*

**187. —four pieces of luggage altogether.**
—kaikkiaan neljä matkalaukkua.
*—KA‿IK-ki-aan NEL-yä MAT-ka+la‿ook-koo-a.*

**188. Take these to the baggage room.**
Voisitteko viedä nämä matkatavarasäilöön?
*VO‿I-sit-te-ko VEE‿E-dä NÄ-mä MAT-ka+ta-va-ra+SÄ‿I-löön?*

**189. Don't forget that.**
Älkää unohtako sitä. *ÄLL-kää OO-nohh-ta-ko SI-tä.*

**190. I shall carry this myself.**
Kannan tämän itse. *KAN-nan TÄ-män ITT-se.*

**191. Follow me.**
Seuratkaa minua. *SE‿OO-rat-kaa MI-noo-a.*

**192. Would you get me [a taxi]?**
Hankkisitteko minulle [taksin]?
*HAṄGK-ki-sit-te-ko MI-nool-let [TAK-sin]?\**

**193. —a porter.** —kantajan. *—KANN-ta-yan.*

---

\* The initial consonant of the following word is pronounced double after some words, and this has been shown in the transcription. If you are substituting another word for *taksi* here, drop the *t* from *minulle* and double the initial consonant of the substitution (unless, of course, it begins with a vowel). Check the original Finnish to see if a consonant is from a following word.

**194. This is [very fragile].**
Tämä on [helposti särkyvää].
*TÄ-mä on [HELL-pos-tis SÄR-kü-vää].*

**195. Handle this carefully.** Käsitelkää tätä varovasti.
*KÄ-si-tel-kää TÄ-tä VA-ro-vas-ti.*

**196. How much do I owe you?** Paljonko olen velkaa?
*PALL-yoñg-ko O-len VELL-kaa?*

**197. What is the customary tip?**
Mikä on tavallinen juomaraha?
*MI-kä on TA-val-li-nen YOO‿O-ma+ra-ha?*

# TRAVEL DIRECTIONS

**198. I want to go [to the airline office].**
Haluaisin mennä [lentotoimistoon].
*HA-loo-a‿i-sin MEN-näl [LENN-to+to‿i-mis-tōn].*

**199. —to the travel office.**
—matkatoimistoon.  *—MAT-ka+to‿i-mis-tōn.*

**200. —to the Finnish government tourist office.**
—Suomen valtion matkailuneuvontaan.
*—SOO‿O-men VALL-ti-on MAT-ka‿i-loo+ne‿oo-von-taan.*

**201. How long does it take to walk [to Sibelius Park]?**
Kauanko kestää kävellä [Sibeliuspuistoon]?
*KA‿OO-wañg-ko KESS-tää KÄ-vel-läs [SI-be-li‿oos+poo‿is-tōn]?*

**202. Is this the shortest way [to Mannerheim Road]?**
Onko tämä suorin tie [Mannerheimintielle]?
*OÑG-ko TÄ-mä SOO‿O-rin TEE‿E [MAN-ner-he‿i-min+tee‿el-le]?*

**203. Tell me the way [to the center of town].**
Selittäisittekö minulle, miten pääsee [keskustaan]?
*SE-lit-tä‿i-sit-te-kö MI-nool-le, MI-ten PÄÄ-sē [KESS-koos-taan]?*

**204. —to the shopping section.**
—ostoskaduille. *—OS-tos+ka-doo‿il-le.*

**205. Do I turn [to the north] [to the south] [to the east] [to the west]?**
Pitääkö minun kääntyä [pohjoiseen] [etelään] [itään] [länteen]?
*PI-tää-kö MI-noon KÄÄN-tü-ä [POHH-yo‿i-sēn] [E-te-lään] [I-tään] [LÄNN-tēn]?*

**206. [What street] is this?**
[Mikä katu] tämä on? *[MI-kä KA-too] TÄ-mä on?*

**207. How far is it from here?**
Kuinka kaukana se on täältä?
*KOO‿ING-ka KA‿OO-ka-na se on TÄÄL-tä?*

**208. Is it near or far?** Onko se lähellä vai kaukana?
*ONG-ko se LÄ-hel-lä va‿i KA‿OO-ka-na?*

**209. Can we walk there?** Voimmeko kävellä sinne?
*VO‿IM-me-ko KÄ-vel-läs SIN-ne?*

**210. Is this the right direction?**
Onko tämä oikea suunta?
*ONG-ko TÄ-mä O‿I-ke-a SOON-ta?*

**211. Would you point?**
Voisitteko (FAM.: Voisitko) osoittaa?
*VO‿I-sit-te-ko (FAM.: VO‿I-sit-ko) O-so‿it-taa?*

**212. Should I go [this way] [that way]?**
Pitäisikö minun mennä [tänne päin] [tuonne päin]?
*PI-tä‿i-si-kö MI-noon MEN-nät [TÄN-nep PÄ‿IN] [TŌO‿ON-nep PÄ‿IN]?*

**213. Turn [left] [right] at the next corner.**
Kääntykää [vasempaan] [oikeaan] seuraavassa
  kulmassa.
*KÄÄNN-tü-kää [VA-sem-paan] [O_I-ke-aan]*
  *SE_OO-raa-vas-sa KOOLL-mas-sa.*

**214. Is it [on this side of the street]?**
Onko se [kadun tällä puolella]?
*ONG-ko se [KA-doon TÄL-lä POO_O-lel-la]?*

**215. —on the other side of the street.**
—kadun toisella puolella.
*—KA-doon TO_I-sel-la POO_O-lel-la.*

**216. —across the bridge.** —sillan toisella puolella.
*—SIL-lan TO_I-sel-la POO_O-lel-la.*

**217. —between these streets.** —näiden katujen välillä.
*—NÄ_I-den KA-too-yen VÄ-lil-lä.*

**218. —beyond the traffic light.** —liikennevalon jälkeen.
*—LEE-ken-nev+va-lon YÄLL-kēn.*

**219. —next to the apartment house.**
—kerrostalon vieressä.
*—KER-ros+ta-lon VEE_E-res-sä.*

**220. —in the middle of the block.**
—keskellä korttelia. *—KESS-kel-lä KORT-te-li-a.*

**221. —straight ahead.** —suoraan edessäpäin.
*—SOO_O-raan E-des-sä+pä_in.*

**222. —near the square.**
—torin lähellä. *—TO-rin LÄ-hel-lä.*

**223. —outside the lobby.** —aulan ulkopuolella.
*—A_OO-lan OOL-ko+pōo_o-lel-la.*

**224. —at the entrance.** —sisäänkäynnin luona.
*—SI-sääng+kä_ün-nin LOO_O-na.*

**225. —opposite the park.** —puistoa vastapäätä.
*—POO‿IS-to-a VASS-ta+pää-tä.*

**226. —beside the school.**
—koulun vieressä. *—KŌ‿OO-loon VEE‿E-res-sä.*

**227. —in front of the monument.**
—muistomerkin edessä.
*—MOO‿IS-to+merr-kin E-des-sä.*

**228. —in the rear of the store.**
—kaupan takaosassa. *—KA‿OO-pan TA-ka+o-sas-sa.*

**229. —behind the building.**
—rakennuksen takana. *—RA-ken-nook-sen TA-ka-na.*

**230. —up the hill.** —mäen päällä. *—MÄ-en PÄÄL-lä.*

**231. —downstairs.** —alakerrassa. *—A-la+ker-ras-sa.*

**232. —at the top of the escalator.**
—liukuportaiden yläpäässä.
*—LEE‿OO-koo+porr-ta‿i-den Ü-lä+pääs-sä.*

**233. —around the traffic circle.**
—liikenneympyrän toisella puolella.
*—LEE-ken-ne+üm-pü-rän TO‿I-sel-la PŌŌ‿O-lel-la.*

**234. The factory.** Tehdas. *TEHH-das.*

**235. The office building.**
Toimistorakennus. *TO‿I-mis-to+ra-ken-noos.*

**236. The residential section.**
Asuma-alue. *A-soo-ma+a-loo-e.*

**237. The suburbs.**
Esikaupungit. *E-si+ka‿oo-poonḡ-it.*

**238. The village.** Kylä. *KÜ-lä.*

# BOAT

**239. When must I go on board?**
Milloin täytyy nousta laivaan?
*MIL-lo‿in TÄ‿Ü-tüü NŌ‿OOS-tal LA‿I-vaan?*

**240. Bon voyage!** Hyvää matkaa! *HÜ-vää MAT-kaa!*

**241. I want to rent a deck chair.**
Haluaisin vuokrata kansituolin.
*HA-loo-a‿i-sin VOO‿OK-ra-tak KANN-si+tōo‿o-lin.*

**242. Can we go ashore [at Maarianhamina]?**
Voimmeko nousta maihin [Maarianhaminassa]?
*VO‿IM-me-ko NŌ‿OOS-tam MA‿I-hin [MAA-ri-an+ha-mi-nas-sa]?*

**243. At what time is dinner served?**
Mihin aikaan tarjoillaan päivällistä?
*MI-hin A‿I-kaan TARR-yo‿il-laan PÄ‿I-väl-lis-tä?*

**244. When is the [first sitting] [the second sitting]?**
Mihin aikaan tarjoillaan [ensimmäinen ateria] [toinen ateria]?
*MI-hin A‿I-kaan TARR-yo‿il-laan [EN-sim-mä‿i-nen A-te-ri-a] [TO‿I-nen A-te-ri-a]?*

**245. I feel seasick.**
Olen merikipeä. *O-len ME-ri+ki-pe-ä.*

**246. Have you a remedy for seasickness?**
Onko teillä jotain lääkettä matkapahoinvointiin?
*ONG-ko TE‿IL-lä YO-ta‿in LÄÄ-ket-tä MAT-ka+pa-ho‿in+vo‿in-teen?*

**247. Lifeboat.** Pelastusvene. *PE-las-toos+ve-ne.*

**248. Life preserver.**
Pelastusrengas. *PE-las-toos+reṅg-as.*

**249. The ferry.** Lautta. *LA‿OOT-ta.*

**250. The dock.**
Telakka (OR: Laituri).    *TE-lak-ka* (OR: *LA‿I-too-ri*).

**251. The cabin.** Hytti.    *HÜT-ti.*

**252. On the deck.** Kannella.    *KAN-nel-la.*

**253. The gymnasium.**
Urheiluhalli.    *OORR-he‿i-loo + hal-li.*

**254. The pool.** Uima-allas.    *OO‿I-ma + al-las.*

**255. The captain.** Kapteeni.    *KAP-tē-ni.*

**256. The purser.** Purseri.    *POOR-se-ri.*

**257. The cabin steward.**
Hyttipalvelija.    *HÜT-ti + pal-ve-li-ya.*

**258. The headwaiter.** Hovimestari.    *HO-vi + mess-ta-ri.*

**259. The car-ferry.\***
Autolautta.    *A‿OO-to + la‿oot-ta.*

**260. The hovercraft.** Pintaliitäjä.    *PIN-ta + lee-tä-yä.*

**261. The hydrofoil.**
Kantosiipialus.    *KANN-to + see-pi + a-loos.*

**262. The motor boat.**
Moottorivene.    *MŌT-to-ri + ve-ne.*

**263. The ocean liner.**
Valtamerilaiva.    *VALL-ta + me-ri-la‿i-va.*

**264. The sailboat.** Purjevene.
*POORR-ye + ve-ne.*

**265. The steamer.** Höyrylaiva.    *HÖ‿Ü-rü + la‿i-va.*

\* There is year-round car-ferry service between Finland and both Sweden and Germany.

# AIRPLANE

**266. I want [to make a reservation] [to cancel a reservation].**
Haluan [varata liput] [peruuttaa varauksen].
*HA-loo-an [VA-ra-tal LI-poot] [PE-rōōt-taa VA-ra-ook-sen].*

**267. When is the next flight to [Oulu]?**
Milloin on seuraava lento [Ouluun]?
*MIL-lo‿in on SE‿OO-raa-va LENN-to [Ō‿OO-lōōn]?*

**268. When does the plane arrive at [Tampere]?**
Milloin lentokone saapuu [Tampereelle]?
*MIL-lo‿in LENN-to + ko-nes SAA-pōō [TAM-pe-rēl-le]?*

**269. What kind of plane is used on that flight?**
Millaisella koneella lennätte?
*MIL-la‿i-sel-la KO-nēl-la LEN-nät-te?*

**270. Will food be served?** Tarjoillaanko ruokaa?
*TARR-yo‿il-laang-ko RŌO‿O-kaa?*

**271. May I confirm the reservation by telephone?**
Voinko vahvistaa varauksen puhelimitse?
*VO‿ING-ko VAHH-vis-taa VA-ra-ook-sen POO-he-li-mit-se?*

**272. At what time should we check in [at the airport]?**
Mihin aikaan meidän pitää ilmoittautua [lentokentällä]?
*MI-hin A‿I-kaan ME‿I-dän PI-tää ILL-mo‿it-ta-oo-too-a [LENN-to + kenn-täl-lä]?*

**273. How long does it take to get to the airport from my hotel?**
Kauanko matka kestää hotellista lentokentälle?
*KA‿OO-wang-ko MAT-ka KESS-tää HO-tel-lis-ta LENN-to + kenn-täl-le?*

**274. Is there bus service between the airport and the city?**
Onko lentokentältä kaupunkiin bussia?
*ONG-ko LENN-to+kenn-täl-tä KA‿OO-poong-keen*
  *BOOS-si-a?*

**275. Is that flight direct?**  Onko se suora lento?
*ONG-ko se SOO‿O-ra LENN-to?*

**276. Where does the plane stop en route?**
Missä lentokone pysähtyy matkalla?
*MIS-sä LENN-to+ko-nep PÜ-sähh-tüü MAT-kal-la?*

**277. How long is the stop?**  Kuinka pitkä pysähdys?
*KOO‿ING-ka PIT-kä PÜ-sähh-düs?*

**278. May I stop over in [Kuopio]?**
Voiko tällä lipulla poiketa [Kuopiossa]?
*VO‿I-ko TÄL-lä LI-pool-la PO‿I-ke-tak*
  *[KOO‿O-pi-os-sa]?*

**279. We want to travel [first class] [economy class].**
Haluamme matkustaa [ensimmäisessä luokassa]
  [turistiluokassa].
*HA-loo-am-me MAT-koos-taa [EN-sim-mä‿i-ses-sä*
  *LOO‿O-kas-sa] [TOO-ris-ti+loo‿o-kas-sa].*

**280. Is flight [22] on time?**
Onko lento [kaksikymmentäkaksi] ajassaan?
*ONG-ko LENN-to [KAK-si+küm-men-tä+kak-si]*
  *A-yas-saan?*

**281. How much baggage am I allowed?**
Kuinka paljon matkatavaraa saa olla mukana?
*KOO‿ING-ka PALL-yon MAT-ka+ta-va-raa SAA*
  *OL-lam MOO-ka-na?*

**282. How much per kilo for excess?**
Kuinka paljon täytyy maksaa liikapainosta kilolta?
*KOO‿ING-ka PALL-yon TÄ‿Ü-tüü MAK-saa*
  *LEE-ka+pa‿i-nos-ta KI-lol-ta?*

**283. May I carry this on board?**
Saako tämän viedä koneeseen?
*SAA-ko TÄ-män VEE͜E-däk KO-nē-sēn?*

**284. May I have [an aisle seat]?**
Saanko [käytäväpaikan]?
*SAANG-ko [KÄ͜Ü-tä-vä+pa͜i-kan]?*

**285. —a window seat.**
—ikkunapaikan. *—IK-koo-na+pa͜i-kan.*

**286. —a seat by the emergency exit.**
—paikan varauloskäytävän kohdalta.
*—PA͜I-kan VA-ra+oo-los+kä͜ü-tä-vän
KOHH-dal-ta.*

**287. May we board the plane now?**
Saako jo nousta koneeseen?
*SAA-ko yo NŌ͜OOS-tak KO-nē-sēn?*

**288. From which gate does my flight leave?**
Miltä portilta lentoni lähtee?
*MILL-tä PORR-til-ta LENN-to-ni LÄHH-tē?*

**289. Call the stewardess.** Kutsukaa lentoemäntä!
*KOOT-soo-kaa LENN-to+e-män-tä!*

**290. Fasten your seat belt.** Kiinnittäkää turvavyö.
*KEEN-nit-tä-kää TOORR-va+vü͜ö.*

**291. May I smoke?**
Saanko polttaa? *SAANG-ko POLT-taa?*

**292. Will we arrive [on time] [late]?**
Tulemmeko perille [ajoissa] [myöhään]?
*TOO-lem-me-ko PE-ril-le [A-yo͜is-sa] [MÜ͜Ö-hään]?*

**293. An announcement.** Ilmoitus. *ILL-mo͜i-toos.*

**294. A boarding pass.**
Tarkistuskortti. *TARR-kis-toos+kort-ti.*

# TRAIN

**295. When does the ticket office [open] [close]?**
Mihin aikaan lipunmyynti [avataan] [suljetaan]?
*MI-hin A＿I-kaan LI-poon+müün-ti [A-va-taan]
[SOOL-ye-taan]?*

**296. When is the next train for [Helsinki]?**
Milloin seuraava juna lähtee [Helsinkiin]?
*MIL-lo＿in SE＿OO-raa-va YOO-na LÄHH-tē
[HELL-sīng-keen]?*

**297. Is there [an earlier train]?**
Onko [aikaisempaa junaa]?
*ONG-ko [A＿I-ka＿i-sem-paa YOO-naa]?*

**298. —a later train.**
—myöhempää junaa. *—MÜ＿Ö-hem-pää YOO-naa.*

**299. —a local train.**
—paikallisjunaa. *—PA＿I-kal-lis+yoo-naa.*

**300. —a fast train (between a local and an express in speed).**
—pikajunaa. *—PI-ka+yoo-naa.*

**301. —an express train.**
—kiitojunaa. *—KEE-to+yoo-naa.*

**302. From which track does the train leave?**
Miltä raiteelta juna lähtee?
*MILL-tä RA＿I-tēl-ta YOO-na LÄHH-tē?*

**303. Where can I get a timetable?**
Mistä saa aikataulun?
*MISS-tä saa A＿I-ka+ta＿oo-loon?*

**304. Does this train stop at [Mikkeli]?**
Pysähtyykö tämä juna [Mikkelissä]?
*PÜ-sähh-tüü-kö TÄ-mä YOO-na [MIK-ke-lis-sä]?*

**305. Is there time to get off?** Ehtiikö nousta pois?
*EHH-tee-kö NÕ‿OOS-tap PO‿IS?*

**306. When do we arrive?** Milloin tullaan perille?
*MIL-lo‿in TOOL-laan PE-ril-le?*

**307. Is this seat taken?** Onko tämä paikka varattu?
*OÑG-ko TÄ-mä PA‿IK-ka VA-rat-too?*

**308. Am I disturbing you?** (LIT.: **Does this disturb you?**)
Häiritseekö tämä teitä?
*HÄ‿I-rit-sē-kö TÄ-mä TE‿I-tä?*

**309. Open the window.** Avatkaa (FAM.: Avaa) ikkuna!
*A-vat-kaa* (FAM.: *A-vaa*) *IK-koo-na!*

**310. Close the door.** Sulkekaa (FAM.: Sulje) ovi!
*SOOLL-ke-kaa* (FAM.: *SOOL-ye*) *O-vi!*

**311. Where are we now?**
Missä nyt ollaan? *MIS-sä NÜT OL-laan?*

**312. Is the train on time?**
Onko juna ajassaan? *OÑG-ko YOO-na A-yas-saan?*

**313. How late are we?**
Kuinka paljon ollaan myöhässä?
*KOO‿IÑG-ka PALL-yon OL-laan MÜ‿Ö-häs-sä?*

**314. The conductor.**
Konduktööri. *KONN-dook-töö-ri.*

**315. The gate.** Portti. *PORT-ti.*

**316. The platform.** Laituri. *LA‿I-too-ri.*

**317. Information.** Neuvonta. *NE‿OO-von-ta.*

**318. A one-way ticket.** Menolippu. *ME-no+lip-poo.*

**319. A round-trip ticket.**
Meno-paluu lippu. *ME-no+pa-loo LIP-poo.*

**320. The railroad station.**
Rautatieasema. *RA‿OO-ta+tee‿e+a-se-ma.*

**321. The waiting room.**  Odotussali.  *O-do-toos+sa-li.*

**322. The sleeping car.**
Makuuvaunu.  *MA-kōō+va‿oo-noo.*

**323. A sleeping compartment.**
Makuuvaunuhytti.  *MA-kōō+va‿oo-noo+hüt-ti.*

**324. The smoking car.**
Tupakkavaunu.  *TOO-pak-ka+va‿oo-noo.*

**325. The dining car.**
Ravintolavaunu.  *RA-vin-to-la+va‿oo-noo.*


# BUS, SUBWAY, STREETCAR

**326. Where does [the streetcar] stop?**
Missä [raitiovaunu] pysähtyy?
*MIS-sä [RA‿I-ti-o+va‿oo-noo] PÜ-sähh-tüü?*

**327. How often does [the bus] run?**
Kuinka usein [bussi] kulkee?
*KOO‿ING-ka OO-se‿in [BOOS-si] KOOL-kē?*

**328. Which [bus] goes to Hanko?**
Mikä [bussi] menee Hankoon?
*MI-kä [BOOS-si] ME-nē HANG-kōn?*

**329. How much is the ticket?**
Paljonko matkalippu maksaa?
*PALL-yong-ko MAT-ka+lip-poo MAK-saa?*

**330. Do you go near [Esplanadi]?**
Meneekö tämä [Esplanadin] läheltä?
*ME-nē-kö TÄ-mä [ESP-la-na-din] LÄ-hel-tä?*

**331. I want to get off [at the next stop] [right here].**
Haluan jäädä pois [seuraavalla pysäkillä] [tässä].
*HA-loo-an yää-däp PO‿IS [SE‿OO-raa-val-la*
*PÜ-sä-kil-lä] [TÄS-sä].*

**332. Please tell me where to get off.**
Sanokaa missä minun on jäätävä pois.
*SA-no-kaa MIS-sä MI-noon on YÄÄ-tä-vä PO‿IS.*

**333. Will I have to change?** Täytyykö minun vaihtaa?
*TÄ‿Ü-tüü-kö MI-noon VA‿IHH-taa?*

**334. Where do we transfer?**
Missä vaihdetaan? *MIS-sä VA‿IHH-de-taan?*

**335. The driver.** Kuljettaja. *KOOL-yet-ta-ya.*

**336. The transfer.** Vaihto. *VA‿IHH-to.*

**337. The conductor.** Rahastaja. *RA-has-ta-ya.*

**338. The bus stop.**
Bussipysäkki. *BOOS-si + pü-säk-ki.*

**339. Where is the subway?**
Missä metro on? *MIS-sä MET-ro on?*

# TAXI

**340. Call a taxi for me.**
Voisitteko tilata minulle taksin?
*VO‿I-sit-te-ko TI-la-tam MI-nool-let TAK-sin?*

**341. Is this taxi free?** Onko tämä taksi vapaa?
*ONG-ko TÄ-mä TAK-si VA-paa?*

**342. What do you charge [per hour]?**
Paljonko maksu on [tunnilta]?
*PALL-yong-ko MAK-soo on [TOON-nil-ta]?*

**343. —per kilometer.**
—kilometriltä. *—KI-lo + met-ril-tä.*

**344. Take me to this address.**
Veisittekö minut tähän osoitteeseen?
*VE_I-sit-te-kö MI-nut TÄ-hän O-so_it-tē-sēn?*

**345. How much will the ride cost?**
Paljonkohan ajo maksaa?
*PALL-yoñg-ko-han A-yo MAK-saa?*

**346. How long will it take to get there?**
Kauanko sinne kestää ajaa?
*KA_OO-wañg-ko SIN-nek KES-tää A-yaa?*

**347. Drive us around [for one hour].**
Ajelisitteko ympäriinsä [tunnin ajan]?
*A-ye-li-sit-te-ko ÜM-pä-reen-sä [TOON-nin A-yan]?*

**348. Drive more [carefully] [slowly].**
Ajakaa [varovaisemmin] [hitaammin].
*A-ya-kaa [VA-ro-va_i-sem-min] [HI-taam-min].*

**349. I am not in a great hurry.** Ei minulla ole kiirettä.
*E_I MI-nool-la O-lek KEE-ret-tä.*

**350. I am in a great hurry.**
Minulla on kova kiire. *MI-nool-la on KO-va KEE-re.*

**351. Stop here.**
Pysähtykää tässä. *PÜ-sähh-tü-kää TÄS-sä.*

**352. Wait for me here.** Odottakaa minua tässä.
*O-dot-ta-kaa MI-noo-a TÄS-sä.*

**353. I will return in [five minutes].**
Tulen takaisin [viiden minuutin] päästä.
*TOO-len TA-ka_i-sin [VEE-den MI-nōō-tin] PÄÄS-tä.*

**354. Keep the change.***
Pitäkää loput. *PI-tä-kää LO-poot.*

---

* Taxi drivers in Finland do not expect tips.

**355. The taxi stand.**   Taksiasema.   *TAK-si + a-se-ma.*

**356. The taxi meter.**
Taksamittari.   *TAK-sa + mit-ta-ri.*


# RENTING AUTOS
# (AND OTHER VEHICLES)

**357. What kind [of cars] do you have?**
Millaisia [autoja] teillä on?
*MIL-la‿i-si-a [A‿OO-to-ya] TE‿IL-lä on?*

**358. I have an international driver's license.**
Minulla on kansainvälinen ajokortti.
*MI-nool-la on KAN-sa‿in + vä-li-nen A-yo + kort-ti.*

**359. What is the rate [per day]?**
Paljonko se maksaa [päivältä]?
*PALL-yong-ko se MAK-saa [PÄ‿I-väl-tä]?*

**360. How much additional [per kilometer]?**
Paljonko lisää [kilometriltä]?
*PALL-yong-ko LI-sää [KI-lo + met-ril-tä]?*

**361. Are gas and oil also included?**
Sisältyykö siihen myös bensiini ja öljy?
*SI-säl-tüü-kö SEE-hen mü‿ös BEN-see-ni ya ÖLL-yü?*

**362. Does the insurance policy cover [personal liability]?**
Kattaako vakuutus [aiheuttamani vastapuolen
  vahingot]?
*KAT-taa-ko VA-koo-toos [A‿I-he-oot-ta-ma-ni
  VASS-ta + poo‿o-len VA-hing-ot]?*

**363. —property damage.**
—omaisuusvahingot.   *—O-ma‿i-soos + va-hing-ot.*

**364.** —collision. —yhteentörmäysvahingot.
—*ÜHH-tēn+törr-mä-üs+va-hiñg-ot.*

**365. Are the papers in order?** Ovatko paperit kunnossa?
*O-vat-ko PA-pe-rit KOON-nos-sa?*

**366. I am not familiar with this car.**
Tämä on minulle outo auto.
*TÄ-mä on MI-nool-le Ō‿OO-to A‿OO-to.*

**367. Please explain [this dial] [this mechanism].**
Voisitteko selittää [tämän osoitintaulun] [tämän
mekanismin]?
*VO‿I-sit-te-ko SE-lit-tää [TÄ-män O-so‿i-tin+ta‿oo-
loon] [TÄ-män ME-ka-nis-min]?*

**368. Show me how [the heater] operates.**
Voitteko näyttää, miten [lämmittäjä] toimii?
*VO‿IT-te-ko NÄ‿ÜT-tää, MI-ten [LÄM-mit-tä-yä]
TO‿I-mee?*

**369. Will someone pick it up at the hotel?**
Haetaanko se hotellista?
*HA-e-taañg-ko se HO-tel-lis-ta?*

**370. Is the office open all night?**
Onko toimisto auki koko yön?
*OÑG-ko TO‿I-mis-to A‿OO-ki KO-ko Ü‿ÖN?*

**371. The bicycle.** Polkupyörä. *POLL-koo+pü‿ö-rä.*

**372. The motorcycle.**
Moottoripyörä. *MŌT-to-ri+pü‿ö-rä.*

**373. The motor scooter.**
Skootteri (OR: Vespa). *SKŌT-te-ri* (OR: *VESS-pa*).

**374. The moped.** Mopo. *MO-po.*

**375. The horse and wagon.**
Hevonen ja rattaat. *HE-vo-nen ya RAT-taat.*

# AUTO: DIRECTIONS

**376. What [city] is this?**   Mikä [kaupunki] tämä on?
*MI-kä [KA͜_OO-poong-ki] TÄ-mä on?*

**377. How far [to the next town]?**
Kuinka pitkä matka [lähimpään kaupunkiin]?
*KOO͜_ING-ka PIT-kä MAT-ka [LÄ-him-pään
KA͜_OO-poong-keen]?*

**378. Where does [this road] lead?**   Minne [tämä tie] vie?
*MIN-net [TÄ-mä TEE͜_E] VEE͜_E?*

**379. Are there road signs?**   Onko siellä tienviittoja?
*ONG-ko SEE͜_EL-lä TEE͜_EN+veet-to-ya?*

**380. Is the road [paved]?**   Onko tie [päällystetty]?
*ONG-ko TEE͜_E [PÄÄL-lüs-tet-tü]?*

**381. —rough.**   —kovin huonokuntoinen.
*—KO-vin HOO͜_O-no+koon-to͜_i-nen.*

**382. Show me the easiest way.**
Näyttäisitttekö minulle helpoimman tien?
*NÄ͜_ÜT-tä͜_i-sit-te-kö MI-nool-le HELL-po͜_im-man
TEE͜_EN?*

**383. Show it to me on this road map.**
Näyttäisitttekö sen minulle tältä kartalta?
*NÄ͜_ÜT-tä͜_i-sit-te-kö sen MI-nool-let TÄL-tä
KARR-tal-ta?*

**384. How can I avoid heavy traffic?**
Kuinka voin välttää liikenneruuhkat?
*KOO͜_ING-ka vo͜_in VÄLT-tääl LEE-ken-
ner+rōōhh-kat?*

**385. May I park here [for a while] [overnight]?**
Saako tähän pysäköidä [vähäksi aikaa] [yön yli]?
*SAA-ko TÄ-hän PÜ-sä-kö͜_i-dä [VÄ-häk-si A͜_I-kaa]
[Ü͜_ÖN ü-li]?*

**386. The approach.** Liittymä.  *LEET-tü-mä.*

**387. The expressway.**
Moottoritie.  *MŌT-to-ri+tee‿e.*

**388. The fork.** Tienhaara.  *TEE‿EN+haa-ra.*

**389. The intersection.** Risteys.  *RISS-te-üs.*

**390. The major road.** Päätie.  *PÄÄ+tee‿e.*

**391. The garage.** Autotalli.  *A‿OO-to+tal-li.*

**392. The auto repair shop.**
Autokorjaamo.  *A‿OO-to+korr-yaa-mo.*

**393. The parking lot.**
Pysäköintipaikka.  *PÜ-sä-kö‿in-ti+pa‿ik-ka.*

**394. The stop sign.**
Pysähdysmerkki.  *PÜ-sähh-düs+merk-ki.*


# AUTO: HELP ON THE ROAD

**395. My car has broken down.**
Autoni meni rikki.  *A‿OO-to-ni ME-ni RIK-ki.*

**396. Call a mechanic.**
Voisitteko soittaa mekaanikon tänne?
*VO‿I-sit-te-ko SO‿IT-taa ME-kaa-ni-kon TÄN-ne?*

**397. Help me push the car [to the side].**
Auttaisitteko työntämään auton [tien sivuun]?
*A‿OOT-ta‿i-sit-te-ko TÜ‿ÖN-tä-mään A‿OO-ton
[TEE‿EN SI-vōon]?*

**398. May I borrow [a jack]?**  Voinko lainata [tunkkia]?
*VO‿ING-ko LA‿I-na-ta [TOONK-ki-a]?*

**399. Change the tire.**
Vaihtakaa rengas. *VA̲ IHH-ta-kaa RENG-as.*

**400. My car is [stuck in the mud] [in the ditch].**
Autoni on [juuttunut liejuun] [ojassa].
*A̲ OO-to-ni on [YOOT-too-noot LEE̲ E-yōōn]*
*[O-yas-sa].*

**401. Drive me to the nearest gas station.**
Ajaisitteko minut lähimmälle huoltoasemalle?
*A-ya̲ i-sit-te-ko MI-noot LÄ-him-mäl-le*
*HŌŌ̲ OL-to + a-se-mal-le?*

# AUTO: GAS STATION AND AUTO REPAIR SHOP

**402. Give me [twenty] liters of [regular] gas.**
Saanko [kaksikymmentä] litraa [tavallista] (bensiiniä).
*SAANG-ko [KAK-si + küm-men-tä] LIT-raa [TA-val-lis-ta]*
*(BEN-see-ni-ä).*

**403. —premium.**
—korkeaoktaanista. *—KORR-ke-a + ok-taa-nis-ta.*

**404. —diesel.** —dieseliä. *—DEE-se-li-ä.*

**405. —unleaded.** —lyijytöntä. *—LÜ̲ I-yü-tön-tä.*

**406. Fill it up.** (Tankki) täyteen, kiitos.
*(TANGK-ki) TÄ̲ Ü-tēn, KEE-tos.*

**407. Check the oil.** Tarkistaisitteko öljyn?
*TARR-kis-ta̲ i-sit-te-ko ÖLL-yün?*

**408. Lubrication and change of oil.**
Rasvaus ja öljynvaihto.
*RASS-va̲ oos ya ÖLL-yün + va̲ ihh-to.*

**409. Put water in the radiator.**
Lisäisittekö vettä jäähdyttimeen?
*LI-sä⌣i-sit-te-kö VET-tä YÄÄHH-düt-ti-mēn?*

**410. Recharge the battery.**
Lataisitteko akun?   *LA-ta⌣i-sit-te-ko A-koon?*

**411. Clean the windshield.**
Pesisittekö tuulilasin?   *PE-si-sit-te-kö TŌŌ-li+la-sin?*

**412. Check [the brakes] [the tire pressure].**
Tarkistaisitteko [jarrut] [renkaiden paineen]?
*TARR-kis-ta⌣i-sit-te-ko [YAR-root] [RENG-ka⌣i-den PA⌣I-nēn]?*

**413. Repair the flat tire.**
Voitteko korjata puhjenneen renkaan?
*VO⌣IT-te-ko KORR-ya-tap POOHH-yen-nēn RENG-kaan?*

**414. Could you wash it [now]?**
Voisitteko pestä sen [nyt]?
*VO⌣I-sit-te-ko PESS-täs sen [NÜT]?*

**415. How long will it take?**   Kauankohan se kestää?
*KA⌣OO-waṅg-ko-han se KESS-tää?*

**416. The motor overheats.**   Moottori kuumenee liikaa.
*MŌT-to-ri KOO-me-nē LEE-kaa.*

**417. Is there a leak?**
Vuotaakohan se?   *VŌŌ⌣O-taa-ko-han se?*

**418. It makes noise.**   Sieltä kuuluu jotain kolinaa.
*SEE⌣EL-tä KŌŌ-lōō YO-ta⌣in KO-li-naa.*

**419. The lights do not work.**
Valot eivät toimi.   *VA-lot E⌣I-vät TO⌣I-mi.*

**420. The car does not start.**
Moottori ei käynnisty.   *MŌT-to-ri E⌣I KÄ⌣ÜN-nis-tü.*

# PARTS OF THE CAR
## (AND AUTO EQUIPMENT)

**421. Accelerator.** Kaasupoljin. *KAA-soo+poll-yin.*

**422. Air filter.**
Ilmanpuhdistin. *ILL-man+poohh-dis-tin.*

**423. Alcohol.** Alkoholi. *ALL-ko-ho-li.*

**424. Antifreeze.** Pakkasneste. *PAK-kas+ness-te.*

**425. Axle.** Akseli. *AK-se-li.*

**426. Battery.** Akku. *AK-koo.*

**427. Bolt.** Pultti. *POOLT-ti.*

**428. Emergency brake.** Hätäjarru. *HÄ-tä+yar-roo.*

**429. Foot brake.** Jalkajarru. *YALL-ka+yar-roo.*

**430. Hand brake.** Käsijarru. *KÄ-si+yar-roo.*

**431. Bumper.** Puskuri. *POOSS-koo-ri.*

**432. Carburetor.** Kaasutin. *KAA-soo-tin.*

**433. Chassis.** Alusta. *A-looss-ta.*

**434. (Automatic) choke.**
(Automaattinen) rikastin (OR: ryyppy).
*(A‿OO-to-maat-ti-nen) RI-kass-tin* (OR: *RÜÜP-pü*).

**435. Clutch.** Kytkin. *KÜT-kin.*

**436. Cylinder.** Sylinteri. *SÜ-lin-te-ri.*

**437. Differential.**
Tasauspyörästö. *TA-sa-oos+pü‿ö-räs-tö.*

**438. Directional signal.** Suuntavilkku (OR: Vilkku).
*SOON-ta+vilk-koo* (OR: *VILK-koo*).

**439. Door.** Ovi. *O-vi.*

**440. Electrical system.**
Sähkölaitteet. *SÄHH-kö+la‿it-tēt.*

**441. Engine** (OR: **Motor**).  Moottori.  *MŌT-to-ri.*

**442. Exhaust pipe.**  Pakoputki.  *PA-ko+poot-ki.*

**443. Fan.**  Tuuletin.  *TŌŌ-le-tin.*

**444. Fan belt.**
Tuulettimen hihna.  *TŌŌ-let-ti-men HIHH-na.*

**445. Fender.**  Lokasuoja.  *LO-ka+sōō‿o-ya.*

**446. Flashlight.**  Taskulamppu.  *TASS-koo+lamp-poo.*

**447. Fuel pump.**
Polttoainepumppu.  *POLT-to+a‿i-ne+poomp-poo.*

**448. Fuse.**  Sulake.  *SOO-la-ke.*

**449. Gas tank.**
Polttoainesäiliö.  *POLT-to+a‿i-nes+sä‿i-li-ö.*

**450. Gear shift.**
Vaihdetanko.  *VA‿IHH-det+tang-ko.*

**451. Mud flap.**  Roiskeläppä.  *RO‿IS-kel+läp-pä.*

**452. First gear.**  Ykkösvaihde.  *ÜK-kös+va‿ihh-de.*

**453. Second gear.**
Kakkosvaihde.  *KAK-kos+va‿ihh-de.*

**454. Third gear.**
Kolmosvaihde.  *KOLL-mos+va‿ihh-de.*

**455. Fourth gear.**  Nelosvaihde.  *NE-los+va‿ihh-de.*

**456. Reverse gear.**  Pakki.  *PAK-ki.*

**457. Neutral gear.**  Vapaa.  *VA-paa.*

**458. Grease.**  Voiteluöljy.  *VO‿I-te-loo+öll-yü.*

**459. Generator.**  Laturi.  *LA-too-ri.*

**460. Hammer.**  Vasara.  *VA-sa-ra.*

**461. Heater.**  Lämmitin.  *LÄM-mi-tin.*

**462. Hood.**  Konepelti.  *KO-nep+pel-ti.*

**463. Horn.**   Torvi (OR: Äänimerkki).
*TORR-vi* (OR: *ÄÄ-ni+merk-ki*).

**464. Horsepower.**   Hevosvoima.   *HE-vos+vo⌣i-ma*.

**465. Ignition key.**   Virta-avain.   *VIRR-ta+a-va⌣in*.

**466. Inner tube.**   Sisärengas.   *SI-sä+reng̅-as*.

**467. Instrument panel.**   Kojelauta.   *KO-yel+la⌣oo-ta*.

**468. License plate.**
Rekisterikilpi.   *RE-kiss-te-ri+kill-pi*.

**469. Headlights.**   Ajovalot.   *A-yo+va-lot*.

**470. Parking lights.**
Peruutusvalot.   *PE-ro̅o̅-toos+va-lot*.

**471. Brake lights.**   Jarruvalot.   *YAR-roo+va-lot*.

**472. Taillights.**   Takavalot.   *TA-ka+va-lot*.

**473. Rearview mirror.**
Taustapeili.   *TA⌣OOS-ta+pe⌣i-li*.

**474. Side-view mirror.**   Sivupeili.   *SI-voo+pe⌣i-li*.

**475. Muffler.**
Äänenvaimentaja.   *ÄÄ-nen+va⌣i-men-ta-ya*.

**476. Nail.**   Naula.   *NA⌣OO-la*.

**477. Nut.**   Mutteri.   *MOOT-te-ri*.

**478. Pedal.**   Poljin.   *POLL-yin*.

**479. Pliers.**   Pihdit.   *PIHH-dit*.

**480. Radiator.**   Jäähdytin.   *YÄÄHH-dü-tin*.

**481. Radio.**   Radio.   *RA-di-o*.

**482. Rags.**   Riepuja.   *REE⌣E-poo-ya*.

**483. Rope.**   Köysi.   *KÖ⌣Ü-si*.

**484. Screw.**   Ruuvi.   *RO̅O̅-vi*.

**485. Screwdriver.**   Ruuvitaltta.   *RO̅O̅-vi+talt-ta*.

**486. Automatic shift.**
Automaattivaihteet.  *A͜_OO-to-maat-ti + va͜_ihh-tēt.*

**487. Hand shift.**  Lattiavaihde.  *LAT-ti-a + va͜_ihh-de.*

**488. Shock absorber.**
Iskunvaimentaja.  *ISS-koon + va͜_i-men-ta-ya.*

**489. Skid chains.**  Lumiketjut.  *LOO-mi + ket-yoot.*

**490. Snow tires.**  Talvirenkaat.  *TALL-vi + reñg-kaat.*

**491. Spark plugs.**  Sytytystulpat.  *SÜ-tü-tüs + tool-pat.*

**492. Speedometer.**
Nopeusmittari.  *NO-pe-oos + mit-ta-ri.*

**493. Starter.**  Starttimoottori (OR: Käynnistin).
*START-ti + mōt-to-ri* (OR: *KÄ͜_ÜN-nis-tin*).

**494. Steering wheel.**  Ohjauspyörä (OR: Ratti).
*OHH-ya-oos + pü͜_ö-rä* (OR: *RAT-ti*).

**495. Spare tire.**  Vararengas.  *VA-ra + reñg-as.*

**496. [Tubeless] tire.**  [Sisärenkaaton] rengas.
*[SI-sä + reñg-kaa-ton] REÑG-as.*

**497. Tire pump.**  Pumppu.  *POOMP-poo.*

**498. Tools.**  Työkalut.  *TÜ͜_Ö + ka-loot.*

**499. Automatic transmission.**
Automaattinen voimansiirto.
*A͜_OO-to-maat-ti-nen VO͜_I-man + seer-to.*

**500. Standard (manual) transmission.**
Käsikäyttöinen voimansiirto.
*KÄ-si + kä͜_üt-tö͜_i-nen VO͜_I-man + seer-to.*

**501. Trunk.**  Tavarasäiliö.  *TA-va-ra + sä͜_i-li-ö.*

**502. Valve.**  Venttiili.  *VENT-tee-li.*

**503. Water-cooling system.**
Jäähdytysjärjestelmä.  *YÄÄHH-dü-tüs + yär-yes-tel-mä.*

**504. Front wheel.** Etupyörä. *E-too + pü̲_ö-rä.*

**505. Rear wheel.** Takapyörä. *TA-ka + pü̲_ö-rä.*

**506. Windshield wiper.**
Tuulilasin pyyhkijä. *TŌŌ-li + la-sin PÜÜHH-ki-jä.*

**507. Wrench.** Jakoavain. *YA-ko + a-va̲_in.*

# MAIL

**508. Where is the post office?** Missä [postitoimisto] on?
*MIS-sä [POSS-ti + to̲_i-mis-to] on?*

**509. Where is there a mailbox?** Missä on [postilaatikko]?
*MIS-sä on [POSS-ti + laa-tik-ko]?*

**510. To which window should I go?**
Mille luukulle minun pitää mennä?
*MIL-le LŌŌ-kool-le MI-noon PI-tää MEN-nä?*

**511. I want to send this letter [by surface mail].**
Haluan lähettää tämän kirjeen [tavallisessa postissa].
*HA-loo-an LÄ-het-tää TÄ-män KIRR-yēn [TA-val-li-ses-sa POSS-tis-sa].*

**512. —by airmail.**
—lentopostissa. *—LENN-to + poss-tis-sa.*

**513. —by special delivery** (OR: **express mail**).
—pikalähetyksenä (OR: expres-lähetyksenä).
*—PI-ka + lä-he-tük-se-nä* (OR: *EKS-prē + lä-he-tük-se-nä*).

**514. —by registered mail.**
—kirjattuna. *—KIRR-yat-too-na.*

**515. I want to send this by parcel post.**
Haluan lähettää tämän postipakettina.
*HA-loo-an LÄ-het-tää TÄ-män POSS-ti + pa-ket-ti-na.*

**516. How much postage do I need to send [this postcard] to the USA?**

Paljonko [tämä postikortti] USA:han maksaa?

*PALL-yong-ko [TÄ-mä POSS-ti+kort-ti] OO-ES-AA-han MAK-saa?*

**517. The package contains [printed matter] [fragile material].**

Paketissa on [painotuotteita] [särkyvää tavaraa].

*PA-ke-tis-sa on [PA⌣I-no+töö⌣ot-te⌣i-ta] [SÄRR-kü-vää TA-va-raa].*

**518. I want to insure this for [100 marks].**

Haluan vakuuttaa tämän [sadasta markasta].

*HA-loo-an VA-kööt-taa TÄ-män [SA-das-ta MARR-kas-ta].*

**519. Will it go out [today]?**

Lähteekö se [tänään]? *LÄHH-tē-kö se [TÄ-nään]?*

**520. May I have ten [airmail stamps] for the USA?**

Saanko kymmenen [lentopostimerkkiä] USA:han?

*SAANG-ko KÜM-me-nen [LENN-to+poss-ti+merk-ki-ä] OO-ES-AA-han?*

**521. Where can I get a money order?**

Mistä saa maksuosoituksen?

*MISS-tä saa MAK-soo+o-so⌣i-took-sen?*

**522. Please forward my mail to [Helsinki].**

Olkaa hyvä, toimittakaa postini edelleen [Helsinkiin].

*OLL-kaa HU-vä, TO⌣I-mit-ta-kaa POSS-ti-ni E-del-lēn [HELL-sing-keen].*

**523. The American Express office will hold my mail.**

American Express pitää postini.

*"American Express" PI-tää POSS-ti-ni.*

# TELEGRAM

**524. I would like to send [a telegram (OR: cablegram)].**
Haluaisin lähettää [sähkeen].
*HA-loo-a_i-sin LÄ-het-tää [SÄHH-kēn].*

**525. What is the rate per word?**
Paljonko se maksaa sanalta?
*PALL-yong-ko se MAK-saa SA-nal-ta?*

**526. What is the minimum charge?**
Mikä on vähimmäismaksu?
*MI-kä on VÄ-him-mä_is+mak-soo?*

**527. When will an ordinary telegram reach [London]?**
Kuinka pian tavallinen sähke tulee [Lontooseen]?
*KOO_ING-ka PI-an TA-val-li-nen SÄHH-ke TOO-lē [LONN-tō-sēn]?*

# TELEPHONE

**528. May I use the telephone?**   Saanko käyttää puhelinta?
*SAANG-ko KÄ_ÜT-tääp POO-he-lin-ta?*

**529. Will you dial this number for me?**
Voitteko pyörittää tämän puhelinnumeron puolestani?
*VO_IT-te-ko PÜ_Ö-rit-tää TÄ-män POO-he-lin+noo-me-ron POO_O-les-ta-ni?*

**530. Operator, get me this number** (LIT.: **I want to call this number**).
Haluan soittaa tähän numeroon.
*HA-loo-an SO_IT-taa TÄ-hän NOO-me-rōn.*

**531. Call me at this number.**
Soittakaa (FAM.: Soita) minulle tähän numeroon.
*SO_IT-ta-kaa (FAM.: SO_I-tam) MI-nool-le TÄ-hän NOO-me-rōn.*

**532. My telephone number is [77 46 95].**

Puhelinnumeroni on [seitsemän-seitsemän neljä-kuusi yhdeksän-viisi].

*POO-he-lin+noo-me-ro-ni on [SE‿IT-se-män–SE‿IT-se-män NEL-yä–KŌŌ-si ÜHH-dek-sän–VEE-si].*

**533. How much is a long-distance call to [Paris]?**

Paljonko kaukopuhelu [Pariisiin] maksaa?

*PALL-yoñg-ko KA‿OO-ko+poo-he-loo [PA-ree-seen] MAK-saa?*

**534. What is the charge for the first three minutes?**

Paljonko se maksaa ensimmäiseltä kolmelta minuutilta?

*PALL-yoñg-ko se MAK-saa EN-sim-mä‿i-sel-tä KOL-mel-ta MI-nōō-til-ta?*

**535. I want to reverse the charges (LIT.: I want the party receiving the call to pay).**

Haluan, että vastaanottaja maksaa.

*HA-loo-an, et-tä VASS-taan-ot-ta-ya MAK-saa.*

**536. Please bill me at my home phone number.**

Lähettäkää lasku kotinumerooni.

*LÄ-het-tä-kää LASS-koo KO-ti+noo-me-rō-ni.*

**537. They do not answer.**

Numero ei vastaa. *NOO-me-ro e‿i VASS-taa.*

**538. The line is busy.**

Linja on varattu. *LIN-ya on VA-rat-too.*

**539. Hello (on the telephone).** Haloo! *HA-LŌ!*

**540. You have given me the wrong number.**

Annoitte minulle väärän numeron.

*AN-no‿it-te MI-nool-le VÄÄ-rän NOO-me-ron.*

**541. This is [Liisa] speaking.**

Täällä [Liisa]. *TÄÄL-lä [LEE-sa].*

**542. With whom do you want to speak?**
Kenen kanssa haluatte puhua?
*KE-nen KANS-sa HA-loo-at-te POO-hoo-a?*

**543. Just a moment, please.**
Hetkinen, olkaa hyvä. *HET-ki-nen, OLL-kaa HÜ-vä.*

**544. Dial again.**
Soittakaa uudelleen. *SO_IT-ta-kaa OO-del-lēn.*

**545. I cannot hear you.** Ei kuulu. *E_I KOO-loo.*

**546. The connection is poor.**
Yhteys on huono. *ÜHH-te-üs on HOO_O-no.*

**547. Speak louder.**
Puhukaa kovempaa. *POO-hoo-kaa KO-vem-paa.*

**548. May I speak with [Maija]?**
Onko [Maija] tavattavissa?
*ONG-ko [MA_I-ya] TA-vat-ta-vis-sa?*

**549. She (OR: He) is not available.**
Hän ei ole tavattavissa. *HÄN E_I o-let TA-vat-ta-vis-sa.*

**550. There is a telephone call for you.** (OR: **Telephone!**)
Teitä pyydetään puhelimeen. (OR: Puhelimeen!)
*TE_I-tä PÜÜ-de-tään POO-he-li-mēn.* (OR: *POO-he-li-mēn!*)

**551. May I leave a message?**
Voinko jättää sanan? *VO_ING-ko YÄT-tää SA-nan?*

**552. Call me back as soon as possible.**
Soittakaa (FAM.: Soita) minulle niin pian kuin mahdollista.
*SO_IT-ta-kaa* (FAM.: *SO_I-tam*) *MI-nool-le NEEN PI-an koo_in MAHH-dol-lis-ta.*

**553. I will call back later.**
Soitan myöhemmin. *SO_I-tan MÜ_Ö-hem-min.*

**554. I will wait for your call until [six] o'clock.**
Odotan soittoanne [kuuteen] saakka.
*O-do-tan SO͜_IT-to-an-ne [KŌŌ-tēn] SAAK-ka.*

# HOTEL

**555. I am looking for [a good hotel].**
Haluaisin löytää [hyvän hotellin].
*HA-loo-a͜_i-sin LÖ͜_Ü-tää [HÜ-vän HO-tel-lin].*

**556. —an inexpensive hotel.**
—huokean hotellin. *—HŌŌ͜_O-ke-an HO-tel-lin.*

**557. —a boarding house (OR: pension).**
—täysihoitolan. *—TÄ͜_Ü-si+ho͜_i-to-lan.*

**558. Which is the best hotel?** Mikähän on paras hotelli?
*MI-kä-hän on PA-ras HO-tel-li?*

**559. I want to be in the center of town.**
Haluan asua keskustassa.
*HA-loo-an A-soo-a KESS-koos-tas-sa.*

**560. I want a quiet location.**
Haluan hotellin rauhalliselta paikalta.
*HA-loo-an HO-tel-lin RA͜_OO-hal-li-sel-ta PA͜_I-kal-ta.*

**561. I prefer to be close to [the university].**
Haluan hotellin mieluummin [yliopiston] läheltä.
*HA-loo-an HO-tel-lin MEE͜_E-lōōm-min [Ü-li+o-pis-ton] LÄ-hel-tä.*

**562. I have a reservation for tonight.**
Olen varannut huoneen täksi yöksi.
*O-len VA-ran-noot HŌŌ͜_O-nēn TÄK-si Ü͜_ÖK-si.*

**563. Where is the registration desk?**
Missä on hotellin vastaanotto?
*MIS-sä on HO-tel-lin VASS-taan+ot-to?*

**564. Fill out this registration form.**
Täyttäkää tämä kaavake.
*TÄ_ÜT-tä-kää TÄ-mä KAA-va-ke.*

**565. Sign here, please.** Allekirjoitus tähän, olkaa hyvä!
*AL-lek+kirr-yo_i-toos TÄ-hän, OLL-kaa HÜ-vä!*

**566. Leave your passport.** Jättäkää passinne tänne.
*YÄT-tä-kää PAS-sin-ne TÄN-ne.*

**567. You may pick it up later.**
Voitte hakea sen myöhemmin.
*VO_IT-te HA-ke-as sen MÜ_Ö-hem-min.*

**568. Do you have [a single room]?**
Onko teillä [yhden hengen huonetta]?
*ONG-ko TE_IL-lä [ÜHH-den HENG-en*
  *HOO_O-net-ta]?*

**569. —a double room.** —kahden hengen huonetta.
*—KAHH-den HENG-en HOO_O-net-ta.*

**570. —air-conditioned rooms.** —ilmastoituja huoneita.
*—ILL-mass-to_i-too-ya HOO_O-ne_i-ta.*

**571. —a suite.** —sviittiä. *—SVEET-ti-ä.*

**572. —a quiet room.** —rauhallista huonetta.
*—RA_OO-hal-lis-ta HOO_O-net-ta.*

**573. —an inside room.** —huonetta pihan puolelta.
*—HOO_O-net-ta PI-han POO_O-lel-ta.*

**574. —an outside room.** —huonetta kadun puolelta.
*—HOO_O-net-ta KA-doon POO_O-lel-ta.*

**575. —a room with a pretty view.**
—huonetta, josta on kaunis näköala.
*—HOO_O-net-ta, YOSS-ta on KA_OO-nis*
  *NÄ-kö-a-la.*

**576. I want a room with [a double bed].**
Haluaisin huoneen, jossa on [kaksoisvuode].
*HA-loo-a‿i-sin HŌŌ‿O-nēn, YOS-sa on*
  *[KAK-so‿is+vōō‿o-de].*

**577. —twin beds.** —kaksi erillistä vuodetta.
*—KAK-si E-ril-lis-tä VŌŌ‿O-det-ta.*

**578. —a bath.**
—kylpyhuone. *—KÜLL-pü+hōō‿o-ne.*

**579. —a shower.** —suihku. *—SOO‿IHH-koo.*

**580. —running water.**
—juokseva vesi. *— YŌŌ‿OK-se-va VE-si.*

**581. —hot water.** —kuuma vesi. *—KŌŌ-ma VE-si.*

**582. —a balcony.** —parveke. *—PARR-ve-ke.*

**583. —television.** —televisio. *—TE-le-vi-si-o.*

**584. I shall take a room [for one night].**
Otan huoneen [yhdeksi yöksi].
*O-tan HŌŌ‿O-nēn [ÜHH-dek-si Ü‿ÖK-si].*

**585. —for several days.**
—useaksi päiväksi. *—OO-se-ak-si PÄ‿I-väk-si.*

**586. —for a week or so.**
—noin viikoksi. *—no‿in VEE-kok-si.*

**587. Does it include [meals] [breakfast]?***
Kuuluuko tähän [ateriat] [aamupala (OR: aamiainen)]?
*KŌŌ-lōō-ko TÄ-hän [A-te-ri-at] [AA-moo+pa-la (OR: AA-mi-a‿i-nen)]?*

**588. Can I have the room without meals?**
Voinko saada huoneen ilman aterioita?
*VO‿ĪNG-ko SAA-da HŌŌ‿O-nēn ILL-man A-te-ri-o‿i-ta?*

---

* Finnish hotel rates usually include breakfast.

**589. What is the rate [per night]?**
Paljonko se maksaa [yöltä]?
*PALL-yong-ko se MAK-saa [Ü͜_ÖL-tä]?*

**590. —per week.** —viikolta. —*VEE-kol-ta.*

**591. —per month.**
—kuukaudelta. —*KŌŌ-ka͜_oo-del-ta.*

**592. Is service included?**
Sisältyykö palveluraha hintaan?
*SI-säl-tüü-kö PALL-ve-loo+ra-ha HINN-taan?*

**593. I should like to see the room.**
Haluaisin nähdä sen huoneen.
*HA-loo-a͜_i-sin NÄHH-däs sen HŌŌ͜_O-nēn.*

**594. Have you a [better] room?**
Onko teillä [parempaa] huonetta?
*ONG-ko TE͜_IL-lä [PA-rem-paa] HŌŌ͜_O-net-ta?*

**595. —cheaper.** —halvempaa. —*HALL-vem-paa.*

**596. —larger.** —isompaa. —*I-somm-paa.*

**597. —smaller.** —pienempää. —*PEE͜_E-nemm-pää.*

**598. —brighter.** —valoisampaa. —*VA-lo͜_i-sam-paa.*

**599. —more attractively furnished.**
—kauniimmin kalustettua.
—*KA͜_OO-neem-min KA-loos-tet-too-a.*

**600. Do you have a room [with more air]?**
Onko teillä huonetta, [jossa on parempi ilmanvaihto]?
*ONG-ko TE͜_IL-lä HŌŌ͜_O-net-ta, [YOS-sa on
PA-rem-pi ILL-man+va͜_ihh-to]?*

**601. —on a [lower] [higher] floor.**
—[alemmassa] [ylemmässä] kerroksessa.
—*[A-lem-mas-sa] [Ü-lem-mäs-sä] KER-rok-ses-sa.*

**602. —with a view of the sea.**
—josta näkyy merelle. — *YOSS-ta NÄ-küü ME-rel-le.*

**603. It's too noisy.** Täällä on liikaa melua.
*TÄÄL-lä on LEE-kaa ME-loo-a.*

**604. This is satisfactory.** Tämä sopii. *TÄ-mä SO-pee.*

**605. Is there [an elevator]?**
Onko täällä [hissiä]? *ONG-ko tääl-lä [HIS-si-ä]?*

**606. Upstairs.** Yläkerta. *Ü-lä+kerr-ta.*

**607. Downstairs.** Alakerta. *A-la+kerr-ta.*

**608. What is my room number?**
Mikä minun huoneeni numero on?
*MI-kä MI-noon HOO‿O-nē-ni NOO-me-ro on?*

**609. May I have my room key?**
Saanko huoneeni avaimen?
*SAANG-ko HOO‿O-nē-ni A-va‿i-men?*

**610. Bring my luggage upstairs.**
Tuokaa matkatavarat yläkertaan.
*TOO‿O-kaa MAT-ka+ta-va-rat Ü-lä+kerr-taan.*

**611. Tell the chambermaid to get my room ready.**
Pyytäisittekö siivoojaa laittamaan huoneeni kuntoon?
*PÜÜ-tä‿i-sit-te-kö SEE-vō-jaa LA‿IT-ta-maan*
*HOO‿O-nē-ni KOON-tōn?*

**612. Wake me [at eight in the morning].**
Herättäkää minut [kahdeksalta aamulla].
*HE-rät-tä-kää MI-noot [KAHH-dek-sal-ta*
*AA-mool-la].*

**613. Do not disturb me until then.**
Älkää häiritkö minua sitä ennen.
*ÄLL-kää HÄ‿I-rit-kö MI-noo-a SI-tä EN-nen.*

**614. I want [breakfast] in my room.**
Haluan [aamiaisen] huoneeseeni.
*HA-loo-an [AA-mi-a‿i-sen] HŌO‿O-nē-sē-ni.*

**615. Would you send [a chambermaid] to my room?**
Lähettäisittekö [siivoojan] huoneeseeni.
*LÄ-het-tä‿i-sit-te-kö [SEE-vō-yan] HŌO‿O-nē-sē-ni.*

**616. —a bellhop.** —hotellipojan. *—HO-tel-li+po-yan.*

**617. —a waiter.** —tarjoilijan. *—TAR-yo‿i-li-yan.*

**618. —a messenger.** —lähetin. *—LÄ-he-tin.*

**619. I am expecting [a friend] [a guest].**
Odotan [ystävääni] [vierasta].
*O-do-tan [ÜSS-tä-vää-ni] [VEE‿E-ras-ta].*

**620. I am expecting a phone call.**
Minulle on tulossa puhelu.
*MI-nool-le on TOO-los-sa POO-he-loo.*

**621. Has anyone called?** Onko minulle tullut puhelua?
*ŌNG-ko MI-nool-let TOOL-loot POO-he-loo-a?*

**622. Send him up to my room.**
Lähettäkää hänet huoneeseeni.
*LÄ-het-tä-kää HÄ-net HŌO‿O-nē-sē-ni.*

**623. I shall not be here for lunch.** En tule tänne lounaalle.
*EN TOO-le TÄN-ne LŌ‿OO-naal-le.*

**624. May I leave [these valuables] in the hotel safe?**
Voinko jättää [nämä arvoesineet] hotellin tallelokeroon?
*VO‿ING-ko YÄT-tää [NÄ-mä ARR-vo+e-si-nēt]
HO-tel-lin TAL-lel+lo-ke-rōn?*

**625. I would like to get [my possessions] from the safe.**
Haluaisin [tavarani] tallelokerosta.
*HA-loo-a‿i-sin [TA-va-ra-ni] TAL-lel+lo-ke-ros-ta.*

**626. When must I check out?**
Mihin aikaan huoneet on luovutettava?
*MI-hin A‿I-kaan HŌŌ‿O-nēt on LŌŌ‿O-voo-tet-ta-va?*

**627. I am leaving [at 10 o'clock].**
Lähden [kello kymmenen].
*LÄHH-den [KEL-lo KÜM-me-nen].*

**628. May I have my bill [as soon as possible]?**
Saisinko laskuni [niin pian kuin mahdollista]?
*SA‿I-siṅg-ko LASS-koo-ni [neen PI-an koo‿in MAHH-dol-lis-ta]?*

**629. The doorman.** Ovimies. *O-vi+mee‿es.*

# CHAMBERMAID

**630. The door doesn't lock.**
Ovi ei mene lukkoon. *O-vi E‿I ME-nel LOOK-kōn.*

**631. The [toilet] is broken.**
[W.C.] on rikki. *[VĒ+SĒ] on RIK-ki.*

**632. The room is too [cold] [hot].**
Huone on liian [kylmä] [kuuma].
*HŌŌ‿O-ne on LEE-an [KÜLL-mä] [KŌŌ-ma].*

**633. Is this drinking water?** Onko tämä juomavettä?
*ONG-ko TÄ-mä YŌŌ‿O-ma+vet-tä?*

**634. There is no hot water.** Ei tule kuumaa vettä.
*E‿I TOO-lek KŌŌ-maa VET-tä.*

**635. Spray [for insects] [for vermin].**
Ruiskuttaisitteko [hyönteissumutetta] [syöpäläissumutetta]?
*ROO⏜IS-koot-ta⏜i-sit-te-ko [HÜ⏜ÖN-te⏜is+soo-moo-tet-ta] [SÜ⏜Ö-pä-lä⏜is+soo-moo-tet-ta]?*

**636. Wash and iron [this shirt].**
[Tämä paita] pitäisi pestä ja silittää.
*[TÄ-mä PA⏜I-ta] PI-tä⏜i-si PESS-tä ya SI-lit-tää.*

**637. Bring me [another blanket].**
Toisitteko minulle [lisähuovan]?
*TO⏜I-sit-te-ko MI-nool-lel [LI-sä+hoo⏜o-van]?*

**638. Change the sheets.** Vaihtaisitteko lakanat?
*VA⏜IHH-ta⏜i-sit-te-ko LA-ka-nat?*

**639. Make the bed.** Sijatkaa vuode, olkaa hyvä.
*SI-yat-kaa VOO⏜O-de, OLL-kaa HÜ-vä.*

**640. A bath mat.**
Kylpyhuoneen matto. *KÜLL-pü+hoo⏜o-nēn MAT-to.*

**641. A candle.** Kynttilä. *KÜNT-ti-lä.*

**642. Some coathangers.** Joitakin vaateripustimia.
*YO⏜I-ta-kin VAA-ter+ri-poos-ti-mi-a.*

**643. A pillow** (OR: **cushion**). Tyyny. *TÜÜ-nü.*

**644. A pillowcase.** Tyynyliina. *TÜÜ-nü+lee-na.*

**645. An adaptor for electrical appliances.**
Muuntaja. *MOON-ta-ya.*

**646. Some soap.** Saippuaa. *SA⏜IP-poo-aa.*

**647. Some toilet paper.**
WC-paperia. *VĒ+SĒ+pa-pe-ri-a.*

**648. A towel.** Pyyheliina. *PÜÜ-hel+lee-na.*

**649. A wash basin.**   Pesuallas.   *PE-soo+al-las.*

**650. A washcloth.**   Pesulappu.   *PE-soo+lap-poo.*

# RENTING AN APARTMENT

**651. I want to rent [a furnished] [an unfurnished] apartment [with a bathroom].**

Haluan vuokrata [kalustetun] [kalustamattoman] huoneiston [jossa on kylpyhuone].

*HA-loo-an VOO‿OK-ra-tak [KA-loos-te-toon] [KA-loos-ta-mat-to-man] HOO‿O-ne‿is-ton [YOS-sa on KÜL-pü+hoo‿o-ne].*

**652. —with two bedrooms.**

—jossa on kaksi makuuhuonetta.

*—YOS-sa on KAK-si MA-koo+hoo‿o-net-ta.*

**653. —with a living room.**

—jossa on olohuone.   *—YOS-sa on O-lo+hoo‿o-ne.*

**654. —with a dining room.**

—jossa on ruokasali.   *—YOS-sa on ROO‿O-ka+sa-li.*

**655. —with a kitchen.**

—jossa on keittiö.   *—YOS-sa on KE‿IT-ti-ö.*

**656. Do you furnish [the linen]?** (LIT.: **Are the linens included?)**

Kuuluvatko [liinavaatteet mukaan]?

*KOO-loo-vat-ko [LEE-na+vaat-tēt MOO-kaan]?*

**657. —the dishes** (OR: **china).**

—astiat mukaan.   *—ASS-ti-at MOO-kaan.*

**658. Do we have to sign a lease?**

Onko meidän allekirjoitettava vuokrasopimus?

*ONG-ko ME‿I-dän AL-lek+kir-yo‿i-tet-ta-va VOO‿OK-ra+so-pi-moos?*

# APARTMENT: USEFUL WORDS

**659. Alarm clock.** Herätyskello. *HE-rä-tüs+kel-lo.*

**660. Ashtray.** Tuhkakuppi. *TOOHH-ka+koop-pi.*

**661. Bathtub.** Kylpyamme. *KÜLL-pü+am-me.*

**662. Bottle opener.**
Pullonavaaja. *POOL-lon+a-vaa-ya.*

**663. Broom (indoor/outdoor).**
Lattiaharja/Luuta. *LAT-ti-a+harr-ya/LŌO-ta.*

**664. Can opener.** Purkinavaaja. *POORR-kin+a-vaa-ya.*

**665. Cat.** Kissa. *KIS-sa.*

**666. Chair.** Tuoli. *TŌO_O-li.*

**667. Chest of drawers.** Lipasto. *LI-pas-to.*

**668. Clock.** Kello. *KEL-lo.*

**669. Closet.** Komero. *KO-me-ro.*

**670. Cook.** Keittäjä. *KE_IT-tä-yä.*

**671. Cork (stopper).** Korkki. *KORK-ki.*

**672. Corkscrew.** Korkkiruuvi. *KORK-ki+rōo-vi.*

**673. Curtains** (OR: **Drapes**). Verhot. *VERR-hot.*

**674. Dishwasher.**
Astianpesukone. *ASS-ti-an+pe-soo+ko-ne.*

**675. Doorbell.** Ovikello. *O-vi+kel-lo.*

**676. Dryer.** Kuivaaja. *KOO_I-vaa-ya.*

**677. Fan.** Tuuletin. *TŌO-le-tin.*

**678. Floor.** Lattia. *LAT-ti-a.*

**679. Hassock.** Jalkatyyny. *YALL-ka+tüü-nü.*

**680. Lamp** (OR: **Light bulb**). Lamppu. *LAMP-poo.*

**681. Mosquito net.** Hyttysverkko. *HÜT-tüs+verk-ko.*

**682. Pail.** Sanko. *SA̅N̅G̅-ko.*

**683. Rug.** Matto. *MAT-to.*

**684. Sink.** Pesuallas (OR: Tiskipöytä).
*PE-soo + al-las* (OR: *TISS-ki + pö‿ü-tä*).

**685. Switch (light).** Katkaisin. *KAT-ka‿i-sin.*

**686. Table.** Pöytä. *PÖ‿Ü-tä.*

**687. Tablecloth.** Pöytäliina. *PÖ‿Ü-tä + lee-na.*

**688. Terrace.** Parveke. *PARR-ve-ke.*

**689. Tray.** Tarjotin. *TARR-yo-tin.*

**690. Vase.** Maljakko. *MALL-yak-ko.*

**691. Venetian blinds.**
Sälekaihtimet. *SÄ-lek + ka‿ihh-ti-met.*

**692. Washing machine.** Pesukone. *PE-soo + ko-ne.*

**693. Whiskbroom.** Pölyharja. *PÖ-lü + harr-ya.*

**694. Window shades.** Kaihtimet. *KA‿IHH-ti-met.*

# CAFÉ AND BAR

**695. May I have [something to drink]?**
Saisinko [jotain juotavaa]?
*SA‿I-sin̅g-ko [YO-ta‿in YO̅O̅‿O-ta-vaa]?*

**696. —a bottle of mineral water.**
—pullon kivennäisvettä.
*—POOL-lon KI-ven-nä‿is + vet-tä.*

**697. —a whiskey [straight] [on the rocks] [with mineral water].**
—viskin [kuivana] [jäiden kera] [kivennäisveden kera].
*—VISS-kin [KOO‿I-va-na] [YÄ‿I-den KE-ra]
[KI-ven-nä‿is + ve-den KE-ra].*

**698. —a cognac.** —konjakin. —*KON-ya-kin.*

**699. —a liqueur.*** —likööriä. —*LI-köö-ri-ä.*

**700. —some rum.** —rommia. —*ROM-mi-a.*

**701. —Scotch whiskey.**
—scotchia (OR: skotlantilaista viskiä).
—*SKOT-shi-a* (OR: *SKOT-lan-ti-la‿is-ta VISS-ki-ä*).

**702. —an aquavit.** —akvaviittiä. —*AK-va-veet-ti-ä.*

**703. —a grain-based, unflavored spirit.**
—koskenkorvaa. —*KOSS-ken + korr-vaa.*

**704. —a vodka.** —vodkaa. —*VOD-kaa.*

**705. —a lemonade.**
—sitruunajuomaa. —*SIT-rōō-na + jōō‿o-maa.*

**706. —a nonalcoholic drink.** —alkoholitonta juomaa.
—*ALL-ko-ho-li-ton-ta JŌŌ‿O-maa.*

**707. —some juice.** —mehua. —*ME-hoo-a.*

**708. —a bottle of [Jaffa].**
—pullon [Jaffaa]. —*POOL-lon [YAF-faa].*

**709. —a beer.** —olutta. —*O-loot-ta.*

**710. —a dark beer.** —A-olutta. —*AA + o-loot-ta.*

**711. —some champagne.**
—shamppanjaa. —*SHAMP-pan-yaa.*

**712. —a glass of sherry.**
—lasin sherryä. —*LA-sin SHER-ri-ä.*

**713. —red wine.** —punaviiniä. —*POO-na + vee-ni-ä.*

---

* Excellent liqueurs made of native Finnish berries include:
**Cloudberry liqueur.** Lakka. *LAK-ka.*
**Arctic bramble liqueur.** Mesimarja. *ME-si + marr-ya.*
**Cranberry liqueur.** Polar. *PO-lar.*

**714. —white wine.**
—valkoviiniä.   —VALL-ko+vee-ni-ä.

**715. —rosé wine.**—rose-viiniä.   —ro-SĒ+vee-ni-ä.

**716. Let's have another.**
Otetaan vielä yhdet.   O-te-taan VEE⌣E-lä ÜHH-det.

**717. To your health (very formal/earthy/international).**
Maljanne!/Kippis!/Skool!
MALL-yan-ne!/KIP-pis!/SKŌL!

# RESTAURANT

**718. Can you recommend a restaurant [for a good Finnish dinner]?**
Voisitteko suositella ravintolaa, [jossa saisi hyvän suomalaisen päivällisen]?
VO⌣I-sit-te-ko SOO⌣O-si-tel-la RA-vinn-to-laa, [YOS-sa SA⌣I-si HÜ-vän SOO⌣O-ma-la⌣i-sen PÄ⌣I-väl-li-sen]?

**719. —for a good breakfast.**
—jossa saisi hyvän aamiaisen.
— YOS-sa SA⌣I-si HÜ-vän AA-mi-a⌣i-sen.

**720. —for a sandwich.**   —jossa saisi voileipiä.
— YOS-sa SA⌣I-si VO⌣I+le⌣i-pi-ä.

**721. Do you serve [lunch]?**
Tarjoillaanko täällä [lounasta]?
TARR-yo⌣il-laāng-ko TÄÄL-lä [LŌ⌣OO-nass-ta]?

**722. At what time is [supper] served?**
Mihin aikaan [illallinen] tarjoillaan?
MI-hin A⌣I-kaan [IL-lal-li-nen] TARR-yo⌣il-laan?

**723. There are [three] of us.**
Meitä on [kolme]. *ME_I-tä on [KOLL-me].*

**724. Are you my waiter?** (LIT.: **Is this your table?**)
Onko tämä teidän pöytänne?
*ONG-ko TÄ-mä TE_I-dän PÖ_Ü-tän-ne?*

**725. I prefer [a table by the window].**
Haluaisin mieluiten [ikkunapöydän].
*HA-loo-a_i-sin MEE_E-loo_i-ten [IK-koo-na+pö_ü-dän].*

**726. —a table in the corner.**
—nurkkapöydän. *—NOORK-ka+pö_ü-dän.*

**727. —an outdoor table.**
—ulkopöytään. *—OOLL-ko+pö_ü-tään.*

**728. —an indoor table.**
—pöydän sisältä. *—PÖ_Ü-dän SI-säll-tä.*

**729. I'd like to wash my hands.** Haluaisin pestä käteni.
*HA-loo-a_i-sin PESS-täk KÄ-te-ni.*

**730. We want to dine [à la carte].**
Haluaisin [à la carte-ruokalistan].
*HA-loo-a_i-sin [à la carte + ROO_O-ka + liss-tan].*

**731. —table d'hôte.** —päivän ruokalistan.
*—PÄ_I-vän ROO_O-ka + liss-tan.*

**732. We would like something light.**
Haluaisimme jotain kevyttä.
*HA-loo-a_i-sim-me YO-ta_in KE-vüt-tä.*

**733. What is the specialty of the house?**
Mikä on talon erikoinen?
*MI-kä on TA-lon E-ri-ko_i-nen?*

**734. What kind of [fish] do you have?**
Millaista [kalaa] teillä on?
*MIL-la_is-ta [KA-laa] TE_IL-lä on?*

**735. Please serve us as quickly as you can.**
Voisitteko tarjoilla meille niin pian kuin mahdollista?
*VO‿I-sit-te-ko TARR-yo‿il-lam MĒ‿IL-len
NEEN PI-an koo‿in MAHH-dol-lis-ta?*

**736. Bring me [the menu].** Toisitteko [ruokalistan]?
*TO‿I-sit-te-ko [RŌŌ‿O-ka+liss-tan]?*

**737. —the wine list.** —viinilistan. *— VEE-ni+liss-tan.*

**738. —water.** —vettä. *— VET-tä.*

**739. —ice water.** —jäävettä. *— YÄÄ-vet-tä.*

**740. —a napkin.**
—lautasliinan. *—LA‿OO-tas+lee-nan.*

**741. —bread.** —leipää. *—LE‿I-pää.*

**742. —butter.** —voita. *— VO‿I-ta.*

**743. —a cup.** —kupin. *—KOO-pin.*

**744. —a fork.** —haarukan. *—HAA-roo-kan.*

**745. —a glass.** —lasin. *—LA-sin.*

**746. —a [sharp] knife.**
—[terävän] veitsen. *—[TE-rä-vän] VE‿IT-sen.*

**747. —a plate.** —lautasen. *—LA‿OO-ta-sen.*

**748. —a large (OR: soup) spoon.**
—ruokalusikan. *—RŌŌ‿O-ka+loo-si-kan.*

**749. —a saucer.** —teevadin. *—TĒ+va-din.*

**750. —a teaspoon.** —teelusikan. *—TĒ+loo-si-kan.*

**751. I want something [plain].**
Haluaisin jotain [yksinkertaista].
*HA-loo-a‿i̯-sin YO-ta‿in [ÜK-sin+kerr-ta‿is-ta].*

**752. —without meat.**
—jossa ei ole lihaa. *— YOS-sa E‿I O-lel LI-haa.*

**753. Is it [canned]?**
Onko se [säilykettä]?  $O\overline{NG}$-ko se [$S\ddot{A}\_I$-lü-ket-tä]?

**754. —fatty** (OR: **greasy**).
—rasvaista.  —$RASS$-va$\_is$-ta.

**755. —fresh.** —tuoretta.  —$T\overline{OO}\_O$-ret-ta.

**756. —frozen.** —pakastettua.  —$PA$-kas-tet-too-a.

**757. —lean.** —rasvatonta.  —$RASS$-va-ton-ta.

**758. —salty.** —suolaista.  —$S\overline{OO}\_O$-la$\_is$-ta.

**759. —spicy.** —voimakkaasti maustettua.
—$VO\_I$-mak-kaas-tim $MA\_OOS$-tet-too-a.

**760. —[very] sweet.**
—[oikein] makeaa.  —[$O\_I$-ke$\_in$] $MA$-ke-aa.

**761. Is it peppery?** Onko siinä paljon pippuria?
$O\overline{NG}$-ko see-nä $PALL$-yon $PIP$-poo-ri-a?

**762. How is it prepared?** Miten se on valmistettu?
$MI$-ten se on $VALL$-mis-tet-too?

**763. Is it [baked]?** Onko se [uunissa paistettua]?
$O\overline{NG}$-ko se [$\overline{OO}$-nis-sa $PA\_IS$-tet-too-a]?

**764. —boiled.** —keitettyä.  —$KE\_I$-tet-tü-ä.

**765. —breaded.** —käännelty korppujauhoissa.
—$K\ddot{A}\ddot{A}N$-nel-tü $KORP$-poo+ya$\_oo$-ho$\_is$-sa.

**766. —chopped.** —silputtua.  —$SILL$-poot-too-a.

**767. —fried.** —paistettua.  —$PA\_IS$-tet-too-a.

**768. —grilled.** —pariloitua (OR: grillattua).
—$PA$-ri-lo$\_i$-too-a (OR: $GRIL$-lat-too-a).

**769. —ground.** —jauhettua.  —$JA\_OO$-het-too-a.

**770. —roasted.** —paahdettua.  —$PAAHH$-det-too-a.

**771. —sautéed.** —ruskistettua.  —$ROOSS$-kis-tet-too-a.

**772. —on a skewer.** —vartaassa.  —$VARR$-taas-sa.

**773. This is stale** (LIT.: **not fresh**).
Tämä ei ole tuoretta. *TÄ-mä E‿I o-let TOO‿O-ret-ta.*

**774. This is [too tough].**
Tämä on [liian sitkeää]. *TÄ-mä on [LEE-an SIT-ke-ää].*

**775. —too dry.**
—liian kuivaa. *—LEE-an KOO‿I-vaa.*

**776. I like the meat [rare].**
Haluaisin lihan [vähän paistettuna].
*HA-loo-a‿i-sin LI-han [VÄ-hän PA‿IS-tet-too-na].*

**777. —medium.**
—puolikypsänä. *—POO‿O-li+küp-sä-nä.*

**778. —well done.** —hyvin paistettuna.
*—HÜ-vin PA‿IS-tet-too-na.*

**779. The dish is [undercooked** (LIT.: **underboiled/ underfried, underbaked)].**
Tätä ruokaa ei ole [keitetty/paistettu] tarpeeksi.
*TÄ-tä ROO‿O-kaa E‿I o-le [KE‿I-tet-tü/PA‿IS-tet-too] TARR-pēk-si.*

**780. This dish is burned.** Tämä ruoka on palanutta.
*TÄ-mä ROO‿O-ka on PA-la-noot-ta.*

**781. A little more.** Vähän lisää. *VÄ-hän LI-sää.*

**782. A little less.**
Vähän vähemmän. *VÄ-hän VÄ-hem-män.*

**783. Something else.**
Jotain muuta. *YO-ta‿in MOO-ta.*

**784. A small portion.** Pieni annos. *PEE‿E-ni AN-nos.*

**785. The next course.**
Seuraava ruokalaji. *SE‿OO-raa-va ROO‿O-ka+la-yi.*

**786. That's enough, thank you.**
Kiitos riittää. *KEE-tos REET-tää.*

**787. This is not clean.**
Tämä ei taida olla aivan puhdas.
*TÄ-mä e‿i TA‿I-da OL-la A‿I-van POOHH-das.*

**788. This is too cold.** Tämä on liian kylmää.
*TÄ-mä on LEE-an KÜLL-mää.*

**789. I did not order this.** En minä tilannut tätä.
*EN MI-nä TI-lan-noot TÄ-tä.*

**790. You may take this away.**
Tämän saa viedä pois. *TÄ-män saa VEE‿E-däp PO‿IS.*

**791. May I change this for [a salad]?**
Saisinko [salaattia] tämän sijasta?
*SA‿I-sing-ko [SA-laat-ti-a] TÄ-män SI-yas-ta?*

**792. What kind of [ice cream] do you have?**
Millaista [jäätelöä] teillä on?
*MIL-la‿is-ta [YÄÄ-te-lö-ä] TE‿IL-lä on?*

**793. May I have the check, please?**
Saisinko laskun? *SA‿I-sing-ko LASS-koon?*

**794. Pay at the cashier's desk.**
Maksakaa kassaan. *MAK-sa-kaa KAS-saan.*

**795. Is the tip included?** Sisältyykö siihen palveluraha?
*SI-säl-tüü-kö SEE-hen PALL-ve-loo+ra-ha?*

**796. There may be a mistake in the bill.**
Laskussa taitaa olla virhe.
*LASS-koos-sa TA‿I-taa ol-lav VIRR-he.*

**797. What are these charges for?**
Mitähän nämä maksut ovat?
*MI-tä-hän NÄ-mä MAK-soot O-vat?*

**798. The food and service were excellent.**
Ruoka oli oikein hyvää ja tarjoilu erinomaista.
*ROO‿O-ka O-li O‿I-ke‿in HÜ-vää ya TARR-yo‿i-loo
E-rin+o-ma‿is-ta.*

**799. Hearty appetite!**
Hyvää ruokahalua! *HÜ-vää RŌŌ_O-ka+ha-loo-a!*

# FOOD: SEASONINGS

**800. Etikka.** *E-tik-ka.* Vinegar.

**801. Kastike.** *KASS-ti-ke.* Sauce.

**802. Majoneesi.** *MA-yo-nē-si.* Mayonnaise.

**803. Mausteita.** *MA_OOS-te_i-ta.*
Condiments (OR: Spices).

**804. Pippuri.** *PIP-poo-ri.* Pepper.

**805. Salaatinkastike.** *SA-laa-tin+kas-ti-ke.*
Salad dressing.

**806. [Kirpeä] [Mieto] sinappi.**
*[KIRR-pe-ä] [MEE_E-to] SI-nap-pi.*
[Hot] [Mild] mustard.

**807. Sokeri.** *SO-ke-ri.* Sugar.

**808. Suola.** *SŌŌ_O-la.* Salt.

**809. Tomaattisose** (OR: **Ketsuppi**).
*TO-maat-ti+so-se* (OR: *KET-soop-pi*). Catsup.

**810. Valkosipuli.** *VALL-ko+si-poo-li.* Garlic.

**811. Öljy.** *ÖLL-yü.* Oil.

# BEVERAGES

**812. Kaakao.** *KAA-ka-o.* Cocoa, hot chocolate.

**813. Kahvi [maidon kera].**
*KAHH-vi [MA_I-don KE-ra].* Coffee [with milk].

**814. —kerman kera.**  *—KERR-man KE-ra.*
—with cream.

**815. —mustana.**  *—MOOSS-ta-na.*  —black.

**816. Mehu.**  *ME-hoo.*  Juice.

**817. Appelsiinimehu.**  *AP-pel-see-ni+me-hoo.*
Orange juice.

**818. Greippimehu.**  *GRE‿IP-pi+me-hoo.*
Grapefruit juice.

**819. Tomaattimehu.**  *TO-maat-ti+me-hoo.*
Tomato juice.

**820. Tuoremehu.**  *TŌŌ‿O-re+me-hoo.*
Fresh fruit juice.

**821. Tee.**  *tē.*  Tea.

**822. Jäätee.**  *YÄÄ+tē.*  Iced tea.

**823. Yrttitee.**  *ÜRT-ti+tē.*  Herb tea.

**824. Kalja.**  *KALL-ya.*
Homemade nonalcoholic beer made of water, malt, sugar,
   hops and yeast.

**825. Sima.**  *SI-ma.*
Mead, the May Day (*Vappu*) drink, made of water,
   lemons, yeast, sugar or honey and raisins.


# CEREAL AND BREAD

**826. Puuro.**  *PŌŌ-ro.*  Hot cereal, porridge.

**827. Kaurapuuro.**  *KA‿OO-ra+pōō-ro.*
Hot oatmeal.

**828. Mannapuuro.**  *MAN-na+pōō-ro.*
Cream of wheat.

**829. Muroja.** *MOO-ro-ya.* Dry cereal.

**830. Leipä.*** *LE⌣I-pä.* Bread.

**831. Hapanleipä.** *HA-pan+le⌣i-pä.*
Dark sour rye bread.

**832. Reikäleipä.** *RE⌣I-kä+le⌣i-pä.*
A flat sour rye bread with a hole in the middle.

**833. Ranskanleipä.** *RANS-kan+le⌣i-pä.*
French bread, Finnish version.

**834. Paahtoleipä.** *PAAHH-to+le⌣i-pä.* Toast.

**835. Näkkileipä.** *NÄK-ki+le⌣i-pä.* Hardtack.

**836. Ruiskorppu.** *ROO⌣IS+korp-poo.*
Sour rye rusk.

**837. Sämpylä.** *SÄMM-pü-lä.* A roll.

**838. Voileipä.** *VOI+le⌣i-pä.*
An open-faced sandwich.

**839. Oopperavoileipä.** *ŌP-per-ra+vo⌣i+le⌣i-pä.*
An "opera sandwich" (an elaborate open-faced
sandwich, eaten with knife and fork).

**840. Kalakukko.** *KA-la+kook-ko.*
A "fish-rooster" (fish and bacon baked for hours in sour
rye dough; a speciality of Savo province).

**841. Karjalanpiirakoita.**
*KARR-ya-lan+pee-ra-ko⌣i-ta.*
"Karelian pasties" (a specialty made of rye dough rolled
thin with a rice or potato filling).

---

* Finland is well known for many different kinds of delicious
breads, all well worth trying. Only a few kinds are listed here.

# EGG DISHES

**842. Kananmuna.** *KA-nan+moo-na.* An egg.

**843. [Keitetty] muna.** *[KE⏝I-tet-tü] MOO-na.*
A [boiled] egg.

**844. Pehmeä—.** *PEHH-me-ä—.* —soft-boiled.

**845. Kovaksi keitetty—.** *KO-vak-si KE⏝I-tet-tü—.*
—hard-boiled.

**846. Paistettu—.** *PA⏝IS-tet-too—.* —fried.

**847. Munakas.** *MOO-na-kass.* An omelet.

**848. Munakokkeli.** *MOO-na+kok-ke-li.*
Scrambled eggs.

**849. Muna ja pekoni.** *MOO-na ya PE-ko-ni.*
Bacon and eggs.

# DAIRY PRODUCTS

**850. Hapankerma.** *HA-pan+kerr-ma.* Sour cream.

**851. Kerma.** *KERR-ma.* Cream.

**852. Maito.** *MA⏝I-to.* Milk.

**853. Piimä.** *PEE-mä.* Buttermilk.

**854. Viili.** *VEE-li.* Yoghurt-like sour milk.

**855. Voi.** *VO⏝I.* Butter.

**856. [Mieto] [Vahva] juusto.**
*[MEE⏝E-to] [VAHH-va] YO͞OSS-to.*
[Mild] [Strong] cheese.

**857. Aura-juusto.** *A⏝OO-ra+yo͞oss-to.*
Roquefort-like blue cheese.

68 SOUPS

**858. Emmental** (OR: **Tahkojuusto**).
*EM-men-tal* (OR: *TAHH-ko + yōōss-to*).
Finnish Swiss cheese.
**859. Luostari.** *LŌŌ‿OS-ta-ri.*
Port Salut-type cheese.
**860. Lappi.** *LAP-pi.* A mild cheese.
**861. Turunmaa.** *TOO-roon + maa.*
A mild creamy cheese.

# SOUPS

**862. Herkkusienikeitto.**
*HERK-koo + see‿e-ni + ke‿it-to.* Mushroom soup.
**863. Hernekeitto.** *HERR-nek + ke‿it-to.*
Split pea soup.
**864. Häränhäntäliemi.** *HÄ-rän + hänn-tä + lee‿e-mi.*
Oxtail soup.
**865. Kaalikeitto.** *KAA-li + ke‿it-to.* Cabbage soup.
**866. Kalakeitto.** *KA-la + ke‿it-to.* Fish soup.
**867. Kanakeitto.** *KA-na + ke‿it-to.* Chicken soup.
**868. Kasviskeitto.** *KASS-viss + ke‿it-to.*
Vegetable soup.
**869. Kesäkeitto.** *KE-sä + ke‿it-to.*
Summer soup (vegetable soup with milky broth).
**870. Liemi.** *LEE‿E-mi.* Broth.
**871. Lihaliemi.** *LI-ha + lee‿e-mi.*
Bouillon (OR: Beef broth).
**872. Lihakeitto.** *LI-ha + ke‿it-to.*
Meat soup (a stew of meat and vegetables with a clear broth).

**873. Parsakeitto.** *PARR-sa+ke⌣it-to.*
Cream of asparagus soup.

**874. Pinaattikeitto.** *PI-naat-ti+ke⌣it-to.*
Cream of spinach soup.

**875. Sipulikeitto.** *SI-poo-li+ke⌣it-to.* Onion soup.

**876. Tomaattikeitto.** *TO-maat-ti+ke⌣it-to.*
Tomato soup.

# SALADS

**877. Kalasalaatti.** *KA-la+sa-laat-ti.* Fish salad.

**878. Kanasalaatti.** *KA-na+sa-laat-ti.* Chicken salad.

**879. Katkarapusalaatti.** *KAT-ka+ra-poo+sa-laat-ti.*
Shrimp salad.

**880. Kurkkusalaatti.** *KOORK-koo+sa-laat-ti.*
Cucumber salad.

**881. Salaatti.** *SA-laat-ti.* Green salad.

**882. Naurisraaste.** *NA⌣OO-ris+raass-te.*
Grated turnips.

**883. Perunasalaatti.** *PE-roo-na+sa-laat-ti.*
Potato salad.

**884. Porkkanaraaste.** *PORK-ka-na+raass-te.*
Grated carrots.

**885. Raastelautanen.** *RAASS-tel+la⌣oo-ta-nen.*
Grated vegetable salad.

**886. Savukalasalaatti.** *SA-voo+ka-la+sa-laat-ti.*
Smoked fish salad.

**887. Sienisalaatti.** *SEE͜E-ni+sa-laat-ti.*
Mushroom salad (minced mushrooms and onions with
sour cream sauce).

**888. Sillisalaatti** (OR: **Rosolli**).
*SIL-li+sa-laat-ti* (OR: *RO-sol-li*).
Beet salad with herring.

**889. Suolakurkku.** *SOO͜O-la+koork-koo.*
Pickles.

**890. Tomaattisalaatti.** *TO-maat-ti+sa-laat-ti.*
Tomato salad.

# MEATS

**891. Hampurilainen.** *HAMM-poo-ri-la͜i-nen.*
Hamburger.

**892. Jauheliha.** *YA͜OO-hel+li-ha.* Ground beef.

**893. Jauhelihapihvi.** *YA͜OO-hel+li-ha+pihh-vi.*
Beef patty.

**894. Karjalanpaisti.** *KARR-ya-lam+pa͜iss-ti.*
A Karelian stew with beef, pork, and veal.

**895. Kinkku.** *KINK-koo.* Ham.

**896. Kyljys.** *KÜLL-yüs.* Chops, cutlet.

**897. Lampaanliha.** *LAMM-paan+li-ha.*
Mutton, lamb.

**898. Lammaskaali.** *LAM-mas+kaa-li.*
Mutton and cabbage stew.

**899. Leikkeleitä.** *LE͜IK-ke-le͜i-tä.* Cold cuts.

**900. Lihamureke.** *LI-ha+moo-re-ke.* Meat loaf.

**901. Lihapullat** (OR: **Lihapyörykät**).
*LI-ha+pool-lat* (OR: *LI-ha+pü͜ö-rü-kät*). Meatballs.

**902. Lindströmin pihvi.** *LIND-ström-min PIHH-vi.*
Patties made with ground beef and beets, served with
sautéed onions and sauce.

**903. Makkara.** *MAK-ka-ra.* Sausage.

**904. Maksa.** *MAK-sa.* Liver.

**905. Munuaiset.** *MOO-noo-a_i-set.* Kidneys.

**906. Nakki.** (PLURAL: **Nakit**).
*NAK-ki* (PLURAL: *NA-kit*).
Finnish frankfurter (sold on the street with or without a
roll).

**907. Naudanliha.** *NA_OO-dan+li-ha.* Beef.

**908. Paisti.** *PA_ISS-ti.* Roast beef.

**909. Pihvi.** *PIHH-vi.* Steak.

**910. Porsaankyljys.** *PORR-saang+küll-yüs.*
Pork chop.

**911. Raakapihvi.** *RAA-ka+pihh-vi.* Steak tartare.

**912. Saunamakkara.** *SA_OO-na+mak-ka-ra.*
"Sauna sausage" (link sausage grilled on open fire or
cooked in foil in the sauna).

**913. Sianliha.** *SI-an+li-ha.* Pork.

**914. Sydän.** *SÜ-dän.* Heart.

**915. Tilliliha.** *TIL-li+li-ha.*
Boiled veal with dill sauce.

**916. Vasikanleike.** *VA-si-kan+le_i-ke.* Veal cutlet.

**917. Vasikanliha.** *VA-si-kan+li-ha.* Veal.

# POULTRY AND GAME

**918. Ankka.** *A͞NGK-ka.* Duck.

**919. Hanhi.** *HAN-hi.* Goose.

**920. Hirvenliha.** *HIRR-ven+li-ha.* Elk meat.

**921. Jänis.** *YÄ-niss.* Hare, wild rabbit.

**922. Kalkkuna.** *KALK-koo-na.* Turkey.

**923. Kana.** *KA-na.* Chicken.

**924. Metso.** *METT-so.* Capercaillie (grouse).

**925. Peltopyy.** *PELL-to+püü.* Partridge.

**926. Poronliha.** *PO-ron+li-ha.* Reindeer meat.

**927. Poronkäristys.** *PO-ro͞ng+kä-riss-tüs.*
Reindeer stew, a northern specialty.

**928. Poronkieli.** *PO-ro͞ng+kee‿e-li.* Reindeer tongue.

# FISH AND SEAFOOD

**929. Ahven.** *AHH-ven.* Perch.

**930. Anjovis.** *AN-yo-vis.* Anchovies.

**931. Ankerias.** *A͞NG-ke-ri-as.* Eel.

**932. Hummeri.** *HOOM-me-ri.* Lobster.

**933. Janssonin kiusaus.** *YANS-so-nin KEE‿OO-sa-oos.*
"Jansson's temptation" (a casserole of potatoes and
anchovies with cream).

**934. Kampela.** *KAMM-pe-la.* Flounder.

**935. Katkaravut.** *KAT-ka+ra-voot.* Shrimp.

**936. Kirjolohi.** *KIRR-yo+lo-hi.* Rainbow trout.

**937. Kuha.** *KOO-ha.* Pike perch.

**938. Lahna.** *LAHH-na.* Bream.

**939. Lipeäkala.** *LI-pe-ä+ka-la.*
Lutfisk (a Christmas specialty, codfish soaked in lye
solution, boiled and served with potatoes and a white
sauce).

**940. Lohi.** *LO-hi.* Salmon.

**941. Lohilaatikko.** *LO-hi+laa-tik-ko.*
Salmon casserole.

**942. Lohipiirakka.** *LO-hi+pee-rak-ka.* Salmon pie.

**943. Made.** *MA-de.* Burbot.

**944. Mateenmäti.** *MA-tēn+mä-ti.* Burbot roe.

**945. Makrilli.** *MAK-ril-li.* Mackerel.

**946. Meriantura.** *ME-ri+ann-too-ra.* Sole.

**947. Muikku.** *MOO‿IK-koo.* Small whitefish.

**948. Muikunmäti.** *MOO‿I-koon+mä-ti.*
Whitefish roe.

**949. Osterit.** *OSS-te-rit.* Oysters.

**950. Rapu** (PLURAL: **Ravut**). *RA-poo* (PLURAL: *RA-voot*).
Crayfish.

**951. Purolohi.** *POO-ro+lo-hi.* Brook trout.

**952. Sardiini.** *SAR-dee-ni.* Sardine.

**953. Siika.** *SEE-ka.* Whitefish.

**954. Savusiika.** *SA-voo+see-ka.* Smoked whitefish.

**955. Silakka.** *SI-lak-ka.*
Baltic herring; smaller than the herring and very common.

**956. Savusilakka.** *SA-voo+si-lak-ka.*
Smoked Baltic herring.

**957. Silakkalaatikko.** *SI-lak-ka+laa-tik-ko.*
Baltic herring casserole with sliced potatoes and onions,
and an egg and milk sauce.

**958. Silakkarullat.**  *SI-lak-ka+rool-lat.*
Baltic herring fillets rolled up and cooked in a spicy broth.

**959. Silakkapihvit.**  *SI-lak-ka+pihh-vit.*
Baltic herring fillets fried with dill, salt, and pepper.

**960. Suutarinlohi.**  *SOO-ta-rin+lo-hi.*
"Shoemaker's salmon" (Baltic herring marinated in vinegar, with onion and peppers).

**961. Silli.**  *SIL-li.*  Herring.*

**962. Lasimestarin silli.**  *LA-si+mess-ta-rin SIL-li.*
Pickled herring with spices, carrots, and onions.

**963. Simpukat.**  *SIMM-poo-kat.*  Mussels.

**964. Taimen.**  *TA_I-men.*  Trout.

**965. Tonnikala.**  *TON-ni+ka-la.*  Tuna fish.

**966. Turska.**  *TOORS-ka.*  Cod.

# VEGETABLES AND STARCHES

**967. Artisokka.**  *ARR-ti-sok-ka.*  Artichoke.

**968. Herneitä.**  *HERR-ne_i-tä.*  Peas.

**969. Kaali.**  *KAA-li.*  Cabbage.

**970. Kukkakaali.**  *KOOK-ka+kaa-li.*  Cauliflower.

**971. Kesäkurpitsa.**  *KE-sä+koor-pit-sa.*
Summer squash.

**972. Kurkku.**  *KOORK-koo.*  Cucumber.

**973. Kurpitsa.**  *KOORR-pit-sa.*  Pumpkin.

---

* Often served at the start of a meal with potatoes and bread and butter. An indispensable part of the *voileipäpöytä,* "smorgåsbord," which usually features many different kinds of herring.

**974. Lanttu.** *LANT-too.* Rutabaga.

**975. Lanttulaatikko.** *LANT-too + laa-tik-ko.*
Rutabaga casserole (a Christmas specialty).

**976. Makaroni.** *MA-ka-ro-ni.* Macaroni.

**977. Nauris.** *NA͜_OO-riss.* Turnip.

**978. Oliivi.** *O-lee-vi.* Olive.

**979. Paprika.** *PAP-ri-ka.* Green pepper.

**980. Pavut** (OR: **Papuja**). *PA-voot* (OR: *PA-poo-ya*).
Beans.

**981. Parsa.** *PARR-sa.* Asparagus.

**982. Parsakaali.** *PARR-sa + kaa-li.* Broccoli.

**983. Persilja.** *PERR-sill-ya.* Parsley.

**984. Peruna.** *PE-roo-na.* Potato.

**985. Pinaatti.** *PI-naat-ti.* Spinach.

**986. Pinaattiohukaiset.** *PI-naat-ti + o-hoo-ka͜_i-set.*
Spinach pancakes.

**987. Piparjuuri.** *PI-par + yōō-ri.* Horseradish.

**988. Porkkana.** *PORK-ka-na.* Carrot.

**989. Punajuuri.** *POO-na + yōō-ri.* Beet.

**990. Purjosipuli.** *POORR-yo + si-poo-li.* Leek.

**991. Riisi.** *REE-si.* Rice.

**992. Salaatti.** *SA-laat-ti.* Lettuce.

**993. Selleri.** *SEL-le-ri.* Celery.

**994. Sipuli.** *SI-poo-li.* Onion.

**995. Sienet** (OR: **Sieniä**). *SEE͜_E-net* (OR: *SEE͜_E-ni-ä*).
Mushrooms.

**996. Herkkusieni.** *HERK-koo + see͜_e-ni.*
Champignon.

**997. Metsäsieniä.** *MET-sä+si ̮e-ni-ä.*
Wild mushrooms.

**998. Korvasieni.** *KORR-va+see ̮e-ni.*
A kind of morel, an early summer delicacy.

**999. Kanttarelli.** *KANT-ta-rel-li.*
Chantarelle, a delicious yellow mushroom.

**1000. Spagetti.** *SPA-get-ti.* Spaghetti.

**1001. Tatti.** *TAT-ti.*
Boletus, a family of mushrooms, many of which are
delicious.

**1002. Tilli.** *TIL-li.* Dill.

**1003. Tomaatti.** *TO-maat-ti.* Tomato.

# FRUITS

**1004. Ananas.** *A-na-nas.* Pineapple.

**1005. Appelsiini.** *AP-pel-see-ni.* Orange.

**1006. Aprikoosi.** *AP-ri-kō-si.* Apricot.

**1007. Banaani.** *BA-naa-ni.* Banana.

**1008. Greipin [puolikas].** *GRE ̮I-pin [PŌŌ ̮O-li-kas].*
[A half] grapefruit.

**1009. Kirsikoita.** *KIRR-si-ko ̮i-ta.* Cherries.

**1010. Luumu.** *LŌŌ-moo.* Plum.

**1011. Mandariini.** *MAN-da-ree-ni.* Tangerine.

**1012. Meloni.** *ME-lo-ni.* Melon.

**1013. Omena.** *O-me-na.* Apple.

**1014. Päärynä.** *PÄÄ-rü-nä.* Pear.

**1015. Persikka.** *PERR-sik-ka.* Peach.

**1016. Sitruuna.** *SIT-rōō-na.* Lemon.

**1017. Taateleita.** *TAA-te-le⌣i-ta.* Dates.

**1018. Viikunoita.** *VEE-koo-no⌣i-ta.* Figs.

**1019. Viinirypäleitä.** *VEE-ni+rü-pä-le⌣i-tä.*
Grapes.

# BERRIES*

**1020. Karpaloita.** *KARR-pa-lo⌣i-ta.*
Cranberries (wild).

**1021. Karviaismarjoja.** *KARR-vi-a⌣is+marr-yo-ya.*
Gooseberries.

**1022. Lakkoja.** *LAK-ko-ya.* Arctic cloudberries.

**1023. Mansikoita.** *MANN-si-ko⌣i-ta.* Strawberries.

**1024. Mesimarjoja.** *ME-si+marr-yo-ya.*
Arctic bramble.

**1025. Mustikoita.** *MOOSS-ti-ko⌣i-ta.*
Blueberries, bilberries.

**1026. Mustia viinimarjoja.**
*MOOSS-ti-a VEE-ni+mar-yo-ya.* Black currants.

* Berries are important for Finns; if you get to know Finns
and are in the countryside in the latter part of the summer, you
may get taken along on a foraging expedition; that is what many
Finns do during their vacation. You may get to go pick wild
mushrooms, too. (For the most common ones, see pp. 75–76.)

Idiomatic summer phrases for when you don't find people at
home:

**Hän on marjassa.** *hän on MAR-yas-sa.*
He/She is out picking berries.

**Hän on sienessä.** *hän on SEE⌣E-nes-sä.*
He/She is out picking mushrooms.

**Hän on kalassa.** *hän on KA-las-sa.* He/She is out fishing.

**1027. Punaisia viinimarjoja.**
*POO-na‿i-si-a VEE-ni+mar-yo-ya.*   Red currants.

**1028. Puolukoita.**   *POO‿O-loo-ko‿i-ta.*
Lingonberries.

**1029. Vadelmia.**   *VA-del-mi-a.*   Raspberries.

# DESSERTS AND PASTRIES

**1030. [Vanilja]jäätelö.**   *[VA-nill-ya+]yää-te-lö.*
[Vanilla] ice cream.

**1031. [Suklaa]jäätelö.**   *[SOOK-laa+]yää-te-lö.*
[Chocolate] ice cream.

**1032. Hillo.**   *HIL-lo.*   Jam.

**1033. Kakku.**   *KAK-koo.*   Cake.

**1034. Kääretorttu.**   *KÄÄ-ret+tort-too.*
Roll cake (OR: Jelly roll).

**1035. Piirakka.**   *PEE-rak-ka.*   Pie.

**1036. Pikkuleipiä.**   *PIK-koo+le‿i-pi-ä.*   Cookies.

**1037. Piparkakkuja.**   *PI-par+kak-koo-ya.*
Ginger cookies.

**1038. Pulla.**   *POOL-la.*
Sweet yeast dough coffee cake, spiced with cardamon.

**1039. Bostonkakku.**   *BOSS-ton+kak-koo.*
Cinnamon buns, baked together.

**1040. Korvapuusti.**   *KORR-va+pööss-ti.*
Cinnamon buns, baked separately (LIT.: Smack on the ear).

**1041. Laskiaispulla.**   *LASS-ki-a‿is+pool-la.*
Shrove Tuesday bun, sometimes with a piece of marzipan
on top.

**1042. Pikkupulla.**   *PIK-koo+pool-la.*   A small bun.

**1043. Mustikkapiirakka.** *MOOSS-tik-ka+pee-rak-ka.*
Blueberry pie. A *pulla*-dough flat pastry with lattice
topping made with wild bilberries or blueberries.

**1044. Ohukaiset.** *O-hoo-ka＿i-set.*
Pancakes (small, thin).

**1045. Rahkapiirakka.** *RAHH-ka+pee-rak-ka.*
Curd pie. An open pie made with *pulla* dough and curds,
eggs, milk and sugar.

**1046. Täytekakku.** *TÄ＿Ü-tek+kak-koo.*
Layer cake. May be filled or topped with berries,
whipped cream, mocha or nougat.

**1047. Vohveli.** *VOHH-ve-li.* Waffle.

**1048. Wienerleipä.** *VEE-ner+le＿i-pä.*
Danish pastry.

# SIGHTSEEING

**1049. I want a licensed guide [who speaks English].**
Haluaisin virallisen oppaan, [joka puhuu englantia].
*Ha-loo-a＿i-sin V!-ral-li-sen OP-paan, [YO-ka POO-hōo*
*ENG-lan-ti-a].*

**1050. How long will the excursion take?**
Kuinka kauan retki kestää?
*KOO＿ING-ka KA＿OO-wan RET-ki KESS-tää?*

**1051. Do I need to book in advance?**
Täytyykö liput varata etukäteen?
*TÄ＿Ü-tüü-kö LI-poot VA-ra-ta E-too+kä-tēn?*

**1052. Are admission tickets [and a snack] included?**
Sisältyvätkö pääsyliput [ja välipala] hintaan?
*SI-säl-tü-vät-kö PÄÄ-sü+li-poot [ya VÄ-li+pa-la]*
*HINN-taan?*

**1053. What is the charge for a trip [to the island]?**
Kuinka paljon retki [saareen] maksaa?
*KOO＿ING-ka PALL-yon RET-ki [SAA-rēn] MAK-saa?*

**1054. —to the mountain.**
—vuorelle. —*VŌŌ＿O-rel-le.*

**1055. —to the sea.** —merelle. —*ME-rel-le.*

**1056. How much does an excursion around the city cost?**
Kuinka paljon kiertoajelu kaupungilla maksaa?
*KOO＿ING-ka PALL-yon KEE＿ER-to+a-ye-loo*
*KA＿OO-poonḡ-il-la MAK-saa?*

**1057. Call for me [tomorrow morning] at my hotel at 8 o'clock.**
Hakekaa minut hotellistani [huomisaamuna] kello kahdeksan.
*HA-ke-kaa MI-noot HO-tel-lis-ta-ni*
*HŌŌ＿O-mis+aa-moo-na] KEL-lo KAHH-dek-san.*

**1058. Show me the sights of interest.**
Näyttäisittekö minulle nähtävyydet?
*NÄ＿ÜT-tä＿i-sit-te-kö MI-nool-len NÄHH-tä-vüü-det?*

**1059. What is that building?** Mikä tuo rakennus on?
*MI-kä TŌŌ＿O RA-ken-noos on?*

**1060. How old is it?**
Miten vanha se on? *MI-ten VAN-ha se ON?*

**1061. Can we go in?** Voimmeko mennä sisään?
*VO＿IM-me-ko MEN-näs SI-sään?*

**1062. I am interested in [architecture].**
Minua kiinnostaa [arkkitehtuuri].
*MI-noo-a KEEN-nos-taa [ARK-ki-tehh-tōō-ri].*

**1063. —archeology.**
—arkeologia. —*ARR-ke-o-lo-gi-a.*

**1064. —sculpture.**
—kuvanveistotaide. —*KOO-van+ve͜is-to+ta͜i-de.*

**1065. —painting.**
—maalaustaide. —*MAA-la-oos+ta͜i-de.*

**1066. —folk art.**
—kansantaide. —*KANN-san+ta͜i-de.*

**1067. —industrial design.**
—taideteollisuus. —*TA͜I-det+te-ol-li-sōōs.*

**1068. —handicrafts.** —käsityöt. —*KÄ-si+tü-öt.*

**1069. —modern art.**
—moderni taide. —*MO-der-ni TA͜I-de.*

**1070. I should like to see [the park].**
Haluaisin nähdä [puiston].
*HA-loo-a͜i-sin NÄHH-dä [POO͜IS-ton].*

**1071. —the cathedral.**
—tuomiokirkon. —*TŌŌ͜O-mi-o+kirr-kon.*

**1072. —the countryside.**
—maaseutua. —*MAA+se͜oo-too-a.*

**1073. —the library.** —kirjaston. —*KIRR-yas-ton.*

**1074. —the ruins.** —rauniot. —*RA͜OO-ni-ot.*

**1075. —the castle.** —linnan. —*LIN-nan.*

**1076. —the president's official residence.**
—Presidentin linnan. —*PRE-si-den-tin LIN-nan.*

**1077. —the zoo.** —eläintarhan. —*E-lä͜in+tarr-han.*

**1078. Let's take a walk [around the botanical garden].**
Mennään [Kasvitieteelliseen puutarhaan] kävelemään.
*MEN-nään [KASS-vi+tee͜e-tēl-li-sēn PŌŌ+tarr-haan]*
*KÄ-ve-le-mään.*

**1079. Is it a tourist trap?** (LIT.: **Are there many tourists there?**)
Onko siellä paljon turisteja?
*ONG-ko SEE⌣EL-lä PALL-yon TOO-ris-te-ya?*

**1080. A beautiful view!**   Onpa kaunis näköala!
*OM-pa KA⌣OO-nis NÄ-kö+a-la!*

**1081. Very interesting!**   Erittäin mielenkiintoista!
*E-rit-tä⌣in MEE⌣E-len+keen-to⌣is-ta!*

**1082. Magnificent!**   Mainiota!   *MA⌣I-ni-o-ta!*

**1083. We are enjoying ourselves.**
Meillä on oikein hauskaa.
*ME⌣IL-lä on O⌣I-ke⌣in HA⌣OOS-kaa.*

**1084. I am bored (here).**
Minusta täällä on ikävää (OR: tylsää).
*MI-noos-ta TÄÄL-lä on I-kä-vää* (OR: *TÜLL-sää*).

**1085. When does the museum [open] [close]?**
Milloin museo [avataan] [suljetaan]?
*MIL-lo⌣in MOO-se-o [A-va-taan] [SOOLL-ye-taan]?*

**1086. Is this the way [to the entrance]?**
Tätäkö tietä mennään [sisään]?
*TÄ-tä-kö TEE⌣E-tä MEN-nään [SI-sään]?*

**1087. —to the exit.**   —ulos.   *—OO-los.*

**1088. Let's visit the fine arts gallery.**
Mennään käymään taidegalleriassa.
*MEN-nään KÄ⌣Ü-mään TA⌣I-deg+gal-le-ri-as-sa.*

**1089. Let's stay longer.**   Ollaan vielä vähän aikaa.
*OL-laan VEE⌣E-lä VÄ-hän A⌣I-kaa.*

**1090. Let's leave now.**
Lähdetään nyt!   *LÄHH-de-tään NÜT!*

**1091. We must be back by [5 o'clock].**
Meidän on ehdittävä takaisin [kello viideksi].
*ME͜I-dän on EHH-dit-tä-vä TA-ka͜i-sin [KEL-lo VEE-dek-si].*

**1092. If there is time, let's rest a while.**
Levätään vähän, jos ehditään.
*LE-vä-tään VÄ-hän, yos EHH-di-tään.*

# WORSHIP

**1093. Altar.** Alttari. *ALT-ta-ri.*

**1094. Choral music.**
Kuoromusiikki. *KOO͜O-ro+moo-seek-ki.*

**1095. Collection.** Kolehti. *KO-lehh-ti.*

**1096. Communion.**
(Pyhä) ehtoollinen. *(PÜ-hä) EHH-tōl-li-nen.*

**1097. Confession.** Rippi. *RIP-pi.*

**1098. Contribution.** Avustus. *A-voos-toos.*

**1099. Lutheran church.**
Luterilainen kirkko. *LOO-te-ri-la͜i-nen KIRK-ko.*

**1100. Mass.** Messu. *MES-soo.*

**1101. Minister** (OR: **Priest**). Pappi. *PAP-pi.*

**1102. Orthodox church.** Kreikkalaiskatolinen kirkko.
*KRE͜IK-ka-la͜is+ka-to-li-nen KIRK-ko.*

**1103. Prayers.** Rukoukset. *ROO-ko-ook-set.*

**1104. Prayer book.**
Rukouskirja. *ROO-ko-oos+kirr-ya.*

**1105. Protestant church.** Protestanttinen kirkko.
*PRO-tes-tant-ti-nen KIRK-ko.*

**1106. Rabbi.** Rabbi. *RAB-bi.*

**1107. Roman Catholic church.**
Roomalaiskatolinen kirkko.
*RŌ-ma-la‿is+ka-to-li-nen KIRK-ko.*

**1108. Synagogue.** Synagooga. *SÜ-na-gō-ga.*

**1109. Sermon.** Saarna. *SAAR-na.*

**1110. Services.**
Jumalanpalvelus. *JOO-ma-lan+pall-ve-loos.*

**1111. Sunday** (OR: **Church**) **school.**
Pyhäkoulu. *PÜ-hä+kō‿oo-loo.*

# ENTERTAINMENTS

**1112. Is there [a matinée] today?**
Onko tänään iltapäivänäytös?
*ONG-ko TÄ-nään ILL-ta+pä‿i-vä+nä‿ü-tös?*

**1113. Has [the show] begun?** Onko [esitys] jo alkanut?
*ONG-ko [E-si-tüs] yo ALL-ka-noot?*

**1114. What is playing there now?**
Mitä siellä nyt esitetään?
*MI-tä SEE‿El-lä nüt E-si-te-tään?*

**1115. Have you any seats for tonight?** (LIT.: **Are there tickets for tonight?**)
Onko täksi illaksi lippuja?
*ONG-ko TÄK-si IL-lak-si LIP-poo-ya?*

**1116. How much is [an orchestra seat]?**
Paljonko [paikka permannolle] maksaa?
*PALL-yong-ko [PA‿IK-ka PERR-man-nol-lem] MAK-saa?*

**1117. —a balcony ticket.** —lippu parvekkeelle.
—*LIP-poo PARR-vek-kēl-le(m).*

**1118. —a box seat.**
—aitiopaikka. —*A͜_I-ti-o+pa͜_ik-ka.*

**1119. —a seat (LIT.: ticket) in the mezzanine.**
—lippu ensiparvelle.
—*LIP-poo ENN-si+parr-vel-le(m).*

**1120. No too far from the stage.**
Ei liian kaukaa näyttämöltä.
*E͜_I LEE-an KA͜_OO-kaa NÄ͜_ÜT-tä-möl-tä.*

**1121. Here is my stub.**
Tässä on lipunkanta. *TÄS-sä on LI-poon+kann-ta.*

**1122. Can I see and hear well from there?**
Näkyyko ja kuuluuko sinne hyvin?
*NÄ-küü-kö ya KOO-lōo-ko SIN-ne HÜ-vin?*

**1123. How long is the intermission?**
Kuinka kauan väliaika kestää?
*KOO͜_ING-ka KA͜_OO-wan VÄ-li+a͜_i-ka KESS-tää?*

**1124. When does the performance [begin] [end]?**
Mihin aikaan esitys [alkaa] [loppuu]?
*MI-hin A͜_I-kaan E-si-tüs [ALL-kaa] [LOP-pōo]?*

**1125. Everyone enjoyed the show.**
Kaikki nauttivat esityksestä.
*KA͜_IK-ki NA͜_OOT-ti-vat E-si-tük-ses-tä.*

**1126. The ballet.** Baletti. *BA-let-ti.*

**1127. The box office.**
Lipunmyynti. *LI-poon+müün-ti.*

**1128. The circus.** Sirkus. *SIRR-koos.*

**1129. The concert.** Konsertti. *KONN-sert-ti.*

**1130. The folk dances.**
Kansantanssit. *KANN-san + tans-sit.*

**1131. The [beginning] [end] of the line.**
Jonon [alkupää] [loppupää].
*YO-non [ALL-koo + pää] [LOP-poo + pää].*

**1132. The movies.** Elokuvat. *E-lo + koo-vat.*

**1133. The musical comedy.** Musikaali. *MOO-si-kaa-li.*

**1134. The nightclub.** Yökerho (OR: Yöklubi).
*Ü_Ö + kerr-ho* (OR: *Ü_Ö + kloo-bi*).

**1135. The opera.** Ooppera. *ŌP-pe-ra.*

**1136. The opera glasses.**
Teatterikiikari. *TE-at-te-ri + kee-ka-ri.*

**1137. The opera house.** Oopperatalo. *ŌP-pe-ra + ta-lo.*

**1138. The program.** Ohjelma. *OHH-yel-ma.*

**1139. The puppet show.**
Nukketeatteriesitys. *NOOK-ke + te-at-te-ri + e-si-tüs.*

**1140. The reserved seat.**
Varattu paikka. *VA-rat-too PA_IK-ka.*

**1141. The sports event.** Urheilutapahtuma.
*OORR-he_i-loo + ta-pahh-too-ma.*

**1142. Standing room.**
Seisomapaikkoja. *SE_I-so-ma + pa_ik-ko-ya.*

**1143. The theater.** Teatteri. *TE-at-te-ri.*

**1144. The ticket window.**
Lippuluukku. *LIP-poo + lōōk-koo.*

**1145. The variety show.**
Varieteeohjelma. *VA-ri-e-tē + ohh-yel-ma.*

# NIGHTCLUB AND DANCING

**1146. How much is [the admission charge]?**
Paljonko [pääsymaksu] on?
*PALL-yoṅg-ko [PÄÄ-sü + mak-soo] on?*

**1147. —the minimum charge.**
—vähimmäistilaus.   *—VÄ-him-mä‿is + ti-la-oos.*

**1148. How much is the cover charge?**
Paljonko illalliskortti maksaa?
*PALL-yoṅg-ko IL-lal-lis + kort-ti MAK-saa?*

**1149. Is there a floor show?**   Onko (siellä) ohjelmaa?
*OṄG-ko (SEE‿EL-lä) OHH-yel-maa?*

**1150. Where can we go to dance?**
Minne voidaan mennä tanssimaan?
*MIN-ne VO‿I-daan MEN-nät TANS-si-maan?*

**1151. May I have this dance?**
Saanko luvan?   *SAAṄG-ko LOO-van?*

**1152. You dance very well.**
Tanssitte (FAM.: Tanssit) oikein hyvin.
*TANS-sit-te (FAM.: TANS-sit) O‿I-ke‿in HÜ-vin.*

**1153. Will you play a [fox-trot]?**
Soittaisitteko [fokstrottia]?
*SO‿IT-ta‿i-sit-te-ko [FOKS-trot-ti-a]?*

**1154. —a polka.** —polkan.   *—POLL-kan.*

**1155. —a tango.** —tangon.   *—TAṄG-on.*

**1156. —a waltz.** —valssin.   *—VALS-sin.*

**1157. —a yenka (Finnish dance resembling a schottische).**
—jenkan.  *— YEN-kan.*

**1158. —folk dances.**
—kansantansseja.  *—KANN-san + tans-se-ya.*

**1159. —rock music.** —rokkia. —*ROK-ki-a.*
**1160. The discotheque.** Disko. *DISS-ko.*

# SPORTS AND GAMES

**1161. We want to play [soccer].**
Haluamme pelata [jalkapalloa].
*HA-loo-am-me PE-la-ta* [*YALL-ka+pal-lo-a*].

**1162. —basketball.** —koripalloa. —*KO-ri+pal-lo-a.*

**1163. —cards.** —korttia. —*KORT-ti-a.*

**1164. —golf.** —golfia. —*GOL-fi-a.*

**1165. —ice hockey.**
—jääkiekkoa. —*YÄÄ+kee‿ek-ko-a.*

**1166. —ping-pong.** —pingistä. —*PI͞NG-is-tä.*

**1167. —tennis.** —tennistä. —*TEN-nis-tä.*

**1168. —volleyball.**
—lentopalloa. —*LENN-to+pal-lo-a.*

**1169. Do you play [chess]?**
Pelaatteko [shakkia]? *PE-laat-te-ko* [*SHAK-ki-a*]?

**1170. —checkers.** —tammea. —*TAM-me-a.*

**1171. —bridge.** —bridgeä. —*"bridge"-e-ä.*

**1172. Let's go swimming.**
Mennään uimaan. *MEN-nään OO‿I-maan.*

**1173. Let's go to [the swimming pool].**
Mennään [uima-altaaseen].
*MEN-nään* [*OO‿I-ma+all-taa-sēn*].

**1174. —the beach.**
—uimarannalle. —*OO‿I-ma+ran-nal-le.*

**1175. —the horse races.** —ratsastuskilpailuihin.
— *RAT-sas-toos + kill-pa⌣i-loo⌣i-hin.*

**1176. —the soccer game.** —jalkapallo-otteluun.
— *YALL-ka + pal-lo + ot-te-lōōn.*

**1177. I need [golf equipment].** Tarvitsen [golf-varusteet].
*TARR-vit-sen [GOLF + va-roos-tēt].*

**1178. —fishing tackle.**
—kalastusvälineet.  — *KA-las-toos + vä-li-nēt.*

**1179. —a tennis racket.**
—tennismailan.  — *TEN-nis + ma⌣i-lan.*

**1180. Can we go [fishing]?** Voimmeko mennä [kalaan]?
*VOIM-me-ko men-nä [KA-laan]?*

**1181. —horseback riding.**
—ratsastamaan.  — *RAT-sas-ta-maan.*

**1182. —roller skating.** —luistelemaan rullaluistimilla.
— *LOO⌣IS-te-le-maan ROOL-la + loo⌣is-ti-mil-la.*

**1183. —ice skating.**
—luistelemaan.  — *LOO⌣IS-te-le-maan.*

**1184. —sledding.**
—kelkkamäkeen.  — *KELK-ka + mä-kēn.*

**1185. —skiing.** —hiihtämään.  — *HEEHH-tä-mään.*


# HIKING AND CAMPING

**1186. How long a walk is it to the youth hostel?**
Miten pitkä matka on retkeilymajalle?
*MI-ten PIT-kä MAT-ka on RET-ke⌣i-lü + ma-yal-le?*

**1187. Are sanitary facilities available?**
Onko siellä peseytymismahdollisuuksia?
*ONG-ko SEE⏝EL-lä PE-se-ü-tü-mis+mahh-dol-li-sook-si-a?*

**1188. Campsite.** Leirintäalue. *LE⏝I-rin-tä+a-loo-e.*

**1189. Camping equipment.**
Retkeilyvarusteet. *RET-ke⏝i-lü-va-roos-tēt.*

**1190. Camping permit.**
Leiriytymislupa. *LE⏝I-ri-ü-tü-mis+loo-pa.*

**1191. Cooking utensils.** Ruoanlaittovälineet.
*ROO-wan+la⏝it-to+vä-li-nēt.*

**1192. Firewood.** Polttopuut. *POLT-to+pōot.*

**1193. Footpath.** Polku. *POLL-koo.*

**1194. Hike.** Vaellus. *VA-el-loos.*

**1195. Matches.** Tulitikkuja. *TOO-li+tik-koo-ya.*

**1196. Picnic.** Huviretki. *HOO-vi+ret-ki.*

**1197. Rubbish.** Roskia. *ROSS-ki-a.*

**1198. Rubbish receptacle.**
Roskalaatikko. *ROSS-ka+laa-tik-ko.*

**1199. Shortcut.** Oikotie (OR: Oikopolku).
*O⏝I-ko-tee⏝e (OR: O⏝I-ko+poll-koo).*

**1200. Tent.** Teltta. *TELT-ta.*

**1201. Thermos bottle.**
Termospullo. *TERR-mos+pool-lo.*

**1202. Drinking water.**
Juomavettä. *YOO⏝O-ma+vet-tä.*

**1203. Forest.** Metsä. *MET-sä.*

**1204. Lake.** Järvi. *YÄRR-vi.*

**1205. Mountain.** Vuori. *VOO⏝O-ri.*

**1206. Fell.**  Tunturi.  *TOONN-too-ri.*

**1207. River.**  Joki.  *YO-ki.*

**1208. Stream.**  Puro.  *POO-ro.*

# SAUNA*

**1209. Sauna.**  *SA‿OO-na.*  Sauna.

**1210. Kiuas.**  *KEE‿OO-was.*  Sauna stove.

**1211. Löyly.**  *LÖ‿Ü-lü.*
Steam (OR: Heat) in the sauna.

**1212. Lyö löylyä!**  *LÜ‿ÖL LÖ‿Ü-lü-ä!*
Let's have some steam!

**1213. Lauteet.**  *LA‿OO-tēt.*
Platforms and benches in the sauna.

**1214. Vasta** (OR: **Vihta**).  *VASS-ta* (OR: *VIHH-ta*).
A birch whisk used to invigorate the skin and scent the air.

**1215. Kylläpä oli hyvä sauna!** (OR: **Olipä hyvät loylyt!**)
*KÜL-lä-pä O-li HÜ-vä SA‿OO-na!* (OR: *O-li-pä HÜ-vät LÖ‿Ü-lüt!*)
My, was that ever a good sauna!

**1216. Kiitos saunasta.**  *KEE-tos SA‿OO-nas-ta.*
Thank you for the sauna.

* The sauna, or Finnish bath, is an important institution in Finland. This section includes phrases for its proper enjoyment, with the Finnish listed first.

# BANK AND MONEY

**1217. Where can I change foreign money [at the best rate]?**
Missä voin vaihtaa ulkomaan valuuttaa [edullisimmin]?
*MIS-sä VO‿IN VA‿IHH-taa OOLL-ko+maan
VA-lōōt-taa [E-dool-li-sim-min]?*

**1218. What is the exchange rate on the dollar?**
Mikä on dollarin vaihtokurssi?
*MI-kä on DOL-la-rin VA‿IHH-to+koors-si?*

**1219. Will you cash [a personal check]?**
Vaihtaisitteko [henkilökohtaisen shekin]?
*VA‿IHH-ta‿i-sit-te-ko [HENG-ki-lö+kohh-ta‿i-sen
SHE-kin]?*

**1220. —a traveler's check.**
—matkashekin. *—MAT-ka+she-kin.*

**1221. I have [a bank draft].**   Minulla on [rahalähetys].
*MI-nool-la on [RA-ha+lä-he-tüs].*

**1222. —a credit card.**
—luottokortti. *—LŌŌ‿OT-to+kort-ti.*

**1223. —a letter of credit.**
—luottokirje. *—LŌŌ‿OT-to+kirr-ye.*

**1224. —an international money order.**
—kansainvälinen maksuosoitus.
*—KAN-sa‿in+vä-li-nen MAK-soo+o-so‿i-toos.*

**1225. I would like to exchange [twenty] dollars.**
Haluaisin vaihtaa [kaksikymmentä] dollaria.
*HA-loo-a‿i-sin VA‿IHH-taa [KAK-si+küm-men-tä]
DOL-la-ri-a.*

**1226. Please give me [large bills].**
Saanko sen [isoina seteleinä]?
*SAANG-ko sen [I-so‿i-na SE-te-le‿i-nä]?*

**1227. —ten-mark bills.**
—kymppeinä. —*KÜMP-pe͜ i-nä.*

**1228. —small change.**
—pikkurahana. —*PIK-koo + ra-ha-na.*

# SHOPPING

**1229. Show me [the hat] in the window.**
Saisinko nähdä [tuon hatun], joka on ikkunassa?
*SA͜ I-sing-ko NÄHH-dä [TOO͜ ON HA-toon],
yo-ka on IK-koo-nas-sa?*

**1230. Can you [help me]?** Voisitteko [auttaa minua]?
*VO͜ I-sit-te-ko [A͜ OOT-taa MI-noo-a]?*

**1231. I am just looking around.**
Minä vain katselen. *MI-nä VA͜ IN KAT-se-len.*

**1232. I shall come back later.**
Palaan vielä asiaan. *PA-laan VEE͜ E-lä A-si-aan.*

**1233. I've been waiting [a long time] [a short time].**
(Minä) olen odottanut [jo kauan] [vasta vähän aikaa].
*(MI-nä) o-len O-dot-ta-noot [yo KA͜ OO-wan] [VASS-ta
VÄ-hän A͜ I-kaa].*

**1234. What brand do you have?**
Mitä merkkiä teillä on?
*MI-tä MERK-ki-ä TE͜ IL-lä on?*

**1235. How much is it [per piece]?**
Paljonko se maksaa [kappale]?
*PALL-yong-ko se MAK-saa [KAP-pa-le]?*

**1236. —per meter.** —metri. —*MET-ri.*

**1237. —per kilo.** —kilo. —*KI-lo.*

**1238. —per package.** —paketti. —*PA-ket-ti.*

**1239.** —**per bunch.** —kimppu. —*KIMP-poo*.

**1240.** —**all together.** —yhteensä. —*ÜHH-tēn-sä*.

**1241. It is [too expensive].**
Se on [liian kallis]. *SE on [LEE-ang̅ KAL-lis]*.

**1242.** —**cheap (objects/substances).** *
—halpa/halpaa. —*HALL-pa/HALL-paa*.

**1243.** —**reasonable.**
—kohtuullista. —*KOHH-to̅o̅l-lis-ta*.

**1244. Do you give a discount?**
Annatteko alennusta? *AN-nat-te-ko A-len-noos-ta?*

**1245. That's good.** Tuo on hyvä. *TO̅O̅_O on HÜ-vä*.

**1246. That won't do.**
Tuo ei käy. *TO̅O̅_O E_I KÄ_Ü*.

**1247. Have you something [better]?**
Onko teillä jotain [parempaa]?
*ON̅G̅-ko TE_IL-lä YO-ta_in [PA-rem-paa]?*

**1248.** —**cheaper.**
—huokeampaa. —*HO̅O̅_O-ke-am-paa*.

**1249.** —**more fashionable.**
—muodikkaampaa. —*MO̅O̅_O-dik-kaam-paa*.

**1250.** —**softer.** —pehmeämpää. —*PEHH-me-äm-pää*.

**1251.** —**stronger.** —lujempaa. —*LOO-yem-paa*.

**1252.** —**heavier** (LIT.: **thicker**).
—paksumpaa. —*PAK-soom-paa*.

**1253.** —**lighter (in weight).**
—keveämpää. —*KE-ve-äm-pää*.

**1254.** —**tighter.** —tiukempaa. —*TEE_OO-kem-paa*.

---

* See footnote, p. 6.

**1255. —looser.** —väljempää. —*VÄLL-yem-pää.*

**1256. —lighter (in color).**
—vaaleampaa. —*VAA-le-am-paa.*

**1257. —darker.** —tummempaa. —*TOOM-mem-paa.*

**1258. Do you have this** (LIT.: Does this come) **[in my size]?**
Onko tätä [minun kokoani]?
*ONG-ko TÄ-tä [MI-noong KO-ko-a-ni]?*

**1259. —a larger size.**
—suurempaa kokoa? *SOO-rem-paa KO-ko-a?*

**1260. —a smaller size.** —pienempää kokoa?
—*PEE＿E-nem-pää KO-ko-a?*

**1261. Can I order it in [another color]?**
Voisinko tilata sen [toisen värisenä]?
*VO＿I-sing-ko TI-la-tas sen [TO＿I-sen VÄ-ri-se-nä]?*

**1262. —a different style.**
—eri mallisena. —*E-ri MAL-li-se-na.*

**1263. Where can I try (these) on?**
Missä voin sovittaa? *MIS-sä vo＿in SO-vit-taa?*

**1264. May I try it on?**
Saako tätä sovittaa? *SAA-ko TÄ-tä SO-vit-taa?*

**1265. It does not fit.** Tämä ei sovi. *TÄ-mä E＿I SO-vi.*

**1266. Too short.** Liian lyhyt. *LEE-an LÜ-hüt.*

**1267. Too long.** Liian pitkä. *LEE-an PIT-kä.*

**1268. Too big.** Liian suuri. *LEE-an SOO-ri.*

**1269. Too small.** Liian pieni. *LEE-an PEE＿E-ni.*

**1270. Please take my measurements.**
Ottaisitteko mitat? *OT-ta＿i-sit-te-ko MI-tat?*

**1271. The length.** Pituus. *PI-tōōs.*

**1272. The width.** Leveys. *LE-ve-üs.*

**1273. Will it shrink?**
Kutistuukohan se? *KOO-tis-tōō-ko-han se?*

**1274. Will it break?**
Meneeköhän se rikki? *ME-nē-kö-hän se RIK-ki?*

**1275. Is it [new]?**
Onko tämä [uusi]? *ONG-ko TÄ-mä [ŌŌ-si]?*

**1276. —handmade.**
—käsintehty. *—KÄ-sin+tehh-tü.*

**1277. —an antique.** —vanha. *—VAN-ha.*

**1278. —a replica.** —jäljennös. *—YÄLL-yen-nös.*

**1279. —an imitation.**
—jäljitelmä. *—YÄLL-yi-tell-mä.*

**1280. —secondhand.** —käytetty. *—KÄ̲_Ü-tet-tü.*

**1281. Is this colorfast?** Pitääkö tämä värinsä?
*PI-tää-kö TÄ-mä VÄ-rin-sä?*

**1282. This is my size.**
Koko on sopiva. *KO-ko on SO-pi-va.*

**1283. This is not my size.**
Koko ei ole sopiva. *KO-ko E̲_I YO-les SO-pi-va.*

**1284. I like it.**
Tästä minä pidän. *TÄSS-tä MI-nä PI-dän.*

**1285. Please have this ready soon.**
Voisitteko saada tämän pian valmiiksi?
*VO̲_I-sit-te-ko SAA-dat TÄ-män PI-an VALL-meek-si?*

**1286. How long will it take to make the alterations?**
Miten kauan korjaus kestää?
*MI-ten KA̲_OO-wan KORR-ya-oos KESS-tää?*

**1287. Does the price include alterations?**
Kuuluvatko korjaukset hintaan?
*KŌŌ-loo-vat-ko KORR-ya-ook-set HINN-taan?*

**1288. I cannot decide.**
En osaa vielä päättää. *EN O-saa VEE⌣E-lä PÄÄT-tää.*

**1289. I'll wait until it is ready.**
Odotan kunnes se on valmis.
*O-do-tan KOON-nes se on VALL-mis.*

**1290. Wrap this.** Panisitteko sen pakettiin?
*PA-ni-sit-te-ko sen PA-ket-teen?*

**1291. Where do I pay?**
Missä maksetaan? *MIS-sä MAK-se-taan?*

**1292. Do I pay [the salesman (OR: saleswoman)]?**
Maksanko [myyjälle]? *MAK-saṅg-ko [MÜÜ-yäl-le]?*

**1293. —the cashier.** —kassaan. *—KAS-saan.*

**1294. Can I pay with this credit card?**
Voinko maksaa tällä luottokortilla?
*VO⌣IṄG-ko MAK-saa TÄL-lä LOO⌣OT-to+korr-
til-la?*

**1295. —a traveler's check.**
—matkashekillä. *—MAT-ka+she-kil-lä.*

**1296. —a personal check.**
—henkilökohtaisella shekillä.
*—HEṄG-ki-lö+kohh-ta⌣i-sel-la SHE-kil-lä.*

**1297. Is this identification acceptable?**
Kelpaako tämä henkilöllisyystodistukseksi?
*KELL-paa-ko TÄ-mä HEṄG-ki-löl-li-süüs+to-dis-
took-sek-si?*

**1298. Is the reference sufficient?**
Riittääkö se suositukseksi?
*REET-tää-kö se SOO⌣O-si-took-sek-si?*

**1299. Can you send it to my hotel?**
Voisitteko toimittaa sen minulle hotelliin?
*VO‿I-sit-te-ko TO‿I-mit-taa sen MI-nool-le
HO-tel-leen?*

**1300. Can you ship it [to New York City]?**
Voisitteko lähettää sen [New Yorkiin]?
*VO‿I-sit-te-ko LÄ-het-tää sen [New YOR-keen]?*

**1301. Pack this carefully for export.**
Pakkaisitteko tämän huolella ulkomaille lähetettäväksi
(OR: vientiin)?
*PAK-ka‿i-sit-te-ko TÄ-män HOO‿O-lel-la
OOL-ko+ma‿il-lel LÄ-he-tet-tä-väk-si (OR:
VEE‿EN-teen)?*

**1302. May I have [the bill]?**
Saisinko [laskun]?  *SA‿I-siñg-ko [LAS-koon]?*

**1303. —a receipt.** —kuitin.  *—KOO‿I-tin.*

**1304. —a credit receipt.**
—luottokuitin.  *—LOO‿OT-to+koo‿i-tin.*

**1305. I shall pay upon delivery.**
Maksan, kun se toimitetaan minulle.
*MAK-san, koon se TO‿I-mi-te-taan MI-nool-le.*

**1306. Is there an additional charge for delivery?**
Onko kotiinkuljetuksesta lisämaksua?
*ONG-ko KO-teen+KOOL-ye-took-ses-ta
LI-sä+mak-soo-a?*

**1307. I wish to return this article.**
Haluan palauttaa tämän.
*HA-loo-an PA-la-ut-taa TÄ-män.*

**1308. Refund my money. Here's the receipt.**
Haluan rahat takaisin. Tässä on kuitti.
*HA-loo-an RA-hat TA-ka‿i-sin. TÄS-sä on KOO‿IT-ti.*

**1309. Please exchange this.** Vaihtaisitteko tämän?
*VA‿IHH-ta‿i-sit-te-ko TÄ-män?*

# CLOTHING AND ACCESSORIES

**1310. A bathing cap.** Uimalakki. *OO‿I-ma+lak-ki.*

**1311. A bathing suit.** Uimapuku. *OO‿I-ma+poo-koo.*

**1312. A blouse.** Pusero. *POO-se-ro.*

**1313. An elastic belt.** Venyvä vyö. *VE-nü-vä VÜ‿Ö.*

**1314. Boots.** Saappaat. *SAAP-paat.*

**1315. Bracelet.** Rannerengas. *RAN-ner+reṅg-as.*

**1316. Brassiere.** Rintaliivit. *RINN-ta+lee-vit.*

**1317. Briefs.** Alushousut. *A-loos+hō‿oo-soot.*

**1318. A button.** Nappi. *NAP-pi.*

**1319. A cane.** Keppi. *KEP-pi.*

**1320. A cap.** Lakki. *LAK-ki.*

**1321. A coat.** Takki. *TAK-ki.*

**1322. A collar.** Kaulus. *KA‿OO-loos.*

**1323. A compact.** Puuterirasia. *PŌŌ-te-ri+ra-si-a.*

**1324. Cufflinks.** Kalvosinnapit. *KALL-vo-sin+na-pit.*

**1325. A dress.** Puku. *POO-koo.*

**1326. Earrings.** Korvarenkaat. *KORR-va+reṅg-kaat.*

**1327. A pair of gloves.**
Hansikaspari. *HANN-si-kas+pa-ri.*

**1328. Handkerchiefs.** Nenäliinoja. *NE-nä+lee-no-ya.*

# 100    CLOTHING AND ACCESSORIES

**1329. A jacket.** Takki. *TAK-ki.*

**1330. A dinner jacket.** Smokki. *SMOK-ki.*

**1331. A necktie.** Solmio. *SOLL-mi-o.*

**1332. Lingerie.** Naisten alusvaatteita.
*NA‿IS-ten A-loos + vaat-te‿i-ta.*

**1333. A money clip.** Rahapidike. *RA-ha + pi-di-ke.*

**1334. A nightgown.** Yöpaita. *Ü‿Ö + pa‿i-ta.*

**1335. Pajamas.** Yöpuku. *Ü‿Ö + poo-koo.*

**1336. Panties.** (Naisten) pikkuhousut.
*(NA‿IS-ten) PIK-koo + hō‿oo-soot.*

**1337. Pantyhose.**
Sukkahousut. *SOOK-ka + hō‿oo-soot.*

**1338. A pin (decorative).** Rintaneula (OR: Rintamerkki).
*RINN-ta + ne‿oo-la* (OR: *RINN-ta + merk-ki*).

**1339. A pin (common).**
Nuppineula. *NOOP-pi + ne‿oo-la.*

**1340. A safety pin.** Hakaneula. *HA-ka + ne‿oo-la.*

**1341. A raincoat.** Sadetakki. *SA-det + tak-ki.*

**1342. Ribbon.** Nauha. *NA‿OO-ha.*

**1343. A ring.** Sormus. *SORR-moos.*

**1344. Rubbers.** Kalossit. *KA-los-sit.*

**1345. Sandals.** Sandaalit. *SAN-daa-lit.*

**1346. A lady's scarf.** Huivi (OR: Kaulaliina).
*HOO‿I-vi* (OR: *KA‿OO-la-lee-na*).

**1347. A man's scarf.** Kaulaliina. *KA‿OO-la + lee-na.*

**1348. A shawl.** Hartiahuivi. *HARR-ti-a + hoo‿i-vi.*

**1349. A shirt.** Paita. *PA‿I-ta.*

**1350. Shoelaces.**
Kengännauhat. *KEN̄G-än + na‿oo-hat.*

**1351. Shoes.** Kengät. *KENG̅-ät.*

**1352. Slippers.** Tohvelit. *TOHH-ve-lit.*

**1353. Socks.** Nilkkasukat. *NILK-ka+soo-kat.*

**1354. (Walking) shorts.** Shortsit. *SHORT-sit.*

**1355. A skirt.** Hame. *HA-me.*

**1356. A slip.** Alushame. *A-loos+ha-me.*

**1357. Stockings.** Sukat. *SOO-kat.*

**1358. A strap.** Hihna. *HIHH-na.*

**1359. A man's suit.**
Miehen puku. *MEE‿E-hen POO-koo.*

**1360. A sweater.** Villapaita. *VIL-la+pa‿i-ta.*

**1361. A pair of trousers.** Housut. *HŌ‿OO-soot.*

**1362. Men's underwear.** Miesten alusvaatteet.
*MEE‿ES-ten A-loos+vaat-tēt.*

**1363. An umbrella.** Sateenvarjo. *SA-tēn+varr-yo.*

**1364. An undershirt.** Aluspaita. *A-loos+pa‿i-ta.*

**1365. Undershorts.**
Alushousut. *A-loos+hō‿oo-soot.*

**1366. A wallet.** Lompakko. *LOMM-pak-ko.*

# COLORS

**1367. Black.** Musta. *MOOSS-ta.*

**1368. Blue.** Sininen. *SI-ni-nen.*

**1369. Light blue.**
Vaaleansininen. *VAA-le-an+si-ni-nen.*

**1370. Dark blue.**
Tummansininen. *TOOM-man+si-ni-nen.*

**1371. Brown.** Ruskea. *ROOSS-ke-a.*

**1372. Gray.** Harmaa. *HARR-maa.*

**1373. Green.** Vihreä. *VIHH-re-ä.*

**1374. Olive green.**
Oliivinvihreä. *O-lee-vin+vihh-re-ä.*

**1375. Orange.**
Oranssinvärinen. *O-rans-sin+vä-ri-nen.*

**1376. Pink.**
Vaaleanpunainen. *VAA-le-am+poo-na̮_i-nen.*

**1377. Purple.** Sinipunainen. *SI-ni+poo-na̮_i-nen.*

**1378. Red.** Punainen. *POO-na̮_i-nen.*

**1379. Tan.** Vaaleanruskea. *VAA-le-an+roos-ke-a.*

**1380. White.** Valkoinen. *VALL-ko̮_i-nen.*

**1381. Yellow.** Keltainen. *KELL-ta̮_i-nen.*

## MATERIALS

**1382. Metal.** Metalli. *ME-tal-li.*

**1383. Aluminum.** Alumiini. *A-loo-mee-ni.*

**1384. Brass.** Messinki. *MES-sin̄g-ki.*

**1385. Copper.** Kupari. *KOO-pa-ri.*

**1386. Gold.** Kulta. *KOOLL-ta.*

**1387. Iron.** Rauta. *RA̮_OO-ta.*

**1388. Silver.** Hopea. *HO-pe-a.*

**1389. Steel.** Teräs. *TE-räs.*

**1390. Textiles.** Tekstiilit. *TEKS-tee-lit.*

**1391. Cotton.** Puuvilla. *POO̅+vil-la.*

**1392. Linen.** Pellava. *PEL-la-va.*

**1393. Nylon.** Nailon. *NA⏝I-lon.*

**1394. Silk.** Silkki. *SILK-ki.*

**1395. Synthetic.** Synteettinen. *SÜN-tēt-ti-nen.*

**1396. Wool.** Villa. *VIL-la.*

**1397. Ceramics.** Keramiikka. *KE-ra-meek-ka.*

**1398. China.** Posliini. *POSS-lee-ni.*

**1399. Crystal.** Kristalli. *KRISS-tal-li.*

**1400. Fur.** Turkki. *TOORK-ki.*

**1401. Glass.** Lasi. *LA-si.*

**1402. Leather.** Nahka. *NAHH-ka.*

**1403. Plastic.** Muovi. *MŌŌ⏝O-vi.*

**1404. Stone.** Kivi. *KI-vi.*

**1405. Wood.** Puu. *pōō.*


# BOOKSHOP, STATIONER, NEWSDEALER

**1406. Do you have [any books] in English?**
Onko teillä englanninkielisiä kirjoja?
*ONG-ko TE⏝IL-lä ENG-lan-nin+kee⏝e-li-si-ä [KIRR-yo-ya]?*

**1407. I am just browsing.**
Minä vain katselen. *MI-nä va⏝in KAT-se-len.*

**1408. Playing cards.** Pelikortit. *PE-li+korr-tit.*

**1409. A dictionary.** Sanakirja. *SA-na+kirr-ya.*

**1410. A package of envelopes.**
Nippu kirjekuoria. *NIP-poo KIRR-yek+kōō⏝o-ri-a.*

**1411. An eraser.** (Pyyhe)kumi. *(PÜÜ-hek+)koo-mi.*

**1412. Fiction.**
Kaunokirjallisuus. *KA⌣OO-no + kirr-yal-li-sōōs.*

**1413. Folders.** Kansioita. *KANN-si-oi-ta.*

**1414. A guidebook.** Matkaopas (OR: Opaskirja).
*MAT-ka + o-pas* (OR: *O-pas + kir-ya*).

**1415. Ink.** Muste. *MOOSS-te.*

**1416. A map.** Kartta. *KART-ta.*

**1417. Some magazines.**
Aikakauslehtiä. *A⌣I-ka + ka⌣oos + lehh-ti-ä.*

**1418. Illustrated magazines.**
Kuvalehtiä. *KOO-va + lehh-ti-ä.*

**1419. A newspaper.** Sanomalehti. *SA-no-ma + lehh-ti.*

**1420. Nonfiction.**
Tietokirjallisuus. *TEE⌣E-to + kirr-yal-li-sōōs.*

**1421. A notebook.** Muistikirja (OR: Vihko).
*MOO⌣IS-ti + kirr-ya* (OR: *VIHH-ko*).

**1422. Airmail stationery.**
Lentopostipaperia. *LENN-to + poss-ti + pa-pe-ri-a.*

**1423. Notepaper.**
Kirjepaperia. *KIRR-yep + pa-pe-ri-a.*

**1424. Carbon paper.** Hiilipaperia. *HEE-li + pa-pe-ri-a.*

**1425. Writing paper.**
Kirjoituspaperia. *KIRR-yo⌣i-toos + pa-pe-ri-a.*

**1426. A fountain pen.** Täytekynä. *TÄ⌣Ü-tek + kü-nä.*

**1427. A ballpoint pen.**
Kuulakärkikynä. *KOO-la + kärr-ki + kü-nä.*

**1428. A pencil.** Lyijykynä. *LÜ⌣I-yü + kü-nä.*

**1429. Tape.** Nauha. *NA⌣OO-ha.*

**1430. Scotch tape.** Teippi. *TE⌣IP-pi.*

**1431. String.** Naru. *NA-roo.*

**1432. A typewriter.**
Kirjoituskone. *KIRR-yo⌣i-toos+ko-ne.*

**1433. Typewriter ribbon.** Kirjoituskoneen nauha.
*KIRR-yo⌣i-toos+ko-nēn NA⌣OO-ha.*

**1434. Wrapping paper.**
Käärepaperia. *KÄÄ-rep+pa-pe-ri-a.*

# PHARMACY

**1435. Is there [a pharmacy] here where they understand English?**
Onkohan täällä [apteekkia], jossa ymmärretään englantia?
*ONG-ko-han tääl-lä [AP-tēk-ki-a], yos-sa ÜM-mär-re-tään ENG-lan-ti-a?*

**1436. Is the [druggist] [pharmacist] on the premises?***
Onko [apteekkari] [farmaseutti] paikalla?
*ONG-ko [AP-tēk-ka-rī] [FARR-ma-se-oot-ti] PA⌣I-kal-la?*

**1437. Can you fill this prescription [immediately]?**
Voitteko valmistaa tämän reseptin [nyt heti]?
*VO⌣IT-te-ko VALL-mis-taa TÄ-män RE-sep-tin [nüt HE-ti]?*

**1438. Can I get it without a prescription?**
Saako sen ilman reseptiä?
*SAA-ko sen ILL-man RE-sep-ti-ä?*

---

* Finnish pharmacies are staffed by trained, licensed personnel.

**1439. Is it [mild] [safe]?**  Onko se [mietoa] [vaaratonta]?
*ONG-ko se [MEE_E-to-a] [VAA-ra-ton-ta]?*

**1440. Warning.**  Varoitus.  *VA-ro_i-toos.*

**1441. Poison.**  Myrkkyä!  *MÜRK-kü-ä!*

**1442. Take as directed.**
Otetaan lääkemääräyksen mukaan.
*O-te-taan LÄÄ-kem+mää-rä-ük-sen MOO-kaan.*

**1443. Not to be taken internally.**
Ei sisälliseen käyttöön.  *E_I SI-säl-li-sēn KÄ_ÜT-töön.*

**1444. For external use only.**  Vain ulkoiseen käyttöön.
*VA_IN OOLL-ko_i-sēn KÄ_ÜT-töön.*

# DRUGSTORE AND PHARMACY ITEMS*

**1445. Adhesive tape.**  Laastari.  *LAASS-ta-ri.*

**1446. Alcohol.**  Alkoholi.  *ALL-ko-ho-li.*

**1447. Antibiotic.**  Antibiootti.  *ANN-ti-bi-ōt-ti.*

**1448. Antiseptic.**  Antiseptinen.  *ANN-ti-sep-ti-nen.*

**1449. Aspirin.**  Aspiriini.  *ASS-pi-ree-ni.*

**1450. Band-Aids.**  Pikaside (OR: Laastari).
*PI-ka+si-de* (OR: *LAASS-ta-ri*).

**1451. Bandages.**  Siteitä.  *SI-te_i-tä.*

**1452. Bath oil.**  Kylpyöljy.  *KÜLL-pü+öll-yü.*

* Only medicinal and pharmaceutical items are found in a
Finnish pharmacy (*apteekki*), which is distinct from a drugstore or
chemist's (*rohdoskauppa* or *kemikalio*). Since a few items
may be found in either type of store, however, we have not
listed drugstore and pharmacy purchases separately.

**1453. Bicarbonate of soda.**
Natriumbikarbonaatti (OR: Sooda).
*NAT-ri-oom+bi-kar-bo-naat-ti* (OR: *SŌ-da*).

**1454. Birth control pills.**
E-pillereitä. *Ē+pil-le-re⌣i-tä.*

**1455. Bobby pins.** Hiussolkia. *HEE⌣OOS-soll-ki-a.*

**1456. Boric acid.** Boorihappo. *BŌ-ri+hap-po.*

**1457. Burn ointment.** Palosalva. *PA-lo+sal-va.*

**1458. Chewing gum.** Purukumi. *POO-roo+koo-mi.*

**1459. Cleaning fluid.**
Puhdistusaine. *POOHH-dis-toos+a⌣i-ne.*

**1460. Cleansing tissues.**
Kasvopyyhkeitä. *KASS-vo+püühh-ke⌣i-tä.*

**1461. Cold cream.** Ihovoide. *I-ho+vo⌣i-de.*

**1462. Cologne.** Kölninvettä. *KÖLL-nin+vet-tä.*

**1463. Comb.** Kampa. *KAMM-pa.*

**1464. Contraceptives.**
Ehkäisyvälineitä. *EHH-kä⌣i-sü+vä-li-ne⌣i-tä.*

**1465. Corn pad.** Liikavarvaslaastari.
*LEE-ka+varr-vas+laas-ta-ri.*

**1466. Cotton (absorbent).** Vanu. *VA-noo.*

**1467. Cough syrup.**
Yskänlääkettä. *ÜSS-kän+lää-ket-tä.*

**1468. Deodorant.** Raikaste (OR: Deodorantti).
*RA⌣I-kas-te* (OR: *DE-o-do-rant-ti*).

**1469. Depilatory.**
Karvojenpoistoaine. *KARR-vo-jen+po⌣is-to+a⌣i-ne.*

**1470. Disinfectant.**
Desinfiointiaine. *DE-sin-fi-o⌣in-ti+a⌣i-ne.*

**1471. Ear plugs.** Korvatulpat. *KORR-va-tool-pat.*

**1472. Enema bag.** Peräruiskepakkaus.
*PE-rä+roo‿is-kep+pak-ka-oos.*

**1473. Eye cup.** Silmänhuuhtelukuppi.
*SILL-män+hoohh-te-loo+koop-pi.*

**1474. Eye drops.** Silmätippoja. *SILL-mä+tip-po-ya.*

**1475. Gauze.** Sideharso. *SI-deh+har-so.*

**1476. Hairbrush.** Hiusharja. *HEE‿OOS+harr-ya.*

**1477. Hair clip.** Hiussolki. *HEE‿OOS+soll-ki.*

**1478. Hair net.** Hiusverkko. *HEE‿OOS+verk-ko.*

**1479. Hair tonic.** Hiusvesi. *HEE‿OOS+ve-si.*

**1480. Hairpins.**
Hiusneuloja. *HEE‿OOS+ne‿oo-lo-ya.*

**1481. Hairspray.** Hiuskiinne. *HEE‿OOS+keen-ne.*

**1482. Hand lotion.** Käsivoide. *KÄ-si+vo‿i-de.*

**1483. Hot-water bottle.**
Kuumavesipullo. *KOO-ma+ve-si+pool-lo.*

**1484. Ice bag.** Jääpussi. *YÄÄ+poos-si.*

**1485. Insecticide.**
Hyönteismyrkky. *HÜ‿ÖN-te‿is+mürk-kü.*

**1486. Iodine.** Jodi. *YO-di.*

**1487. Laxative (mild).** Ulostuslääke (mieto).
*OO-los-toos+lää-ke (MEE‿E-to).*

**1488. Lipstick.** Huulipuna. *HOO-li+poo-na.*

**1489. Medicine dropper.** Pipetti. *PI-pet-ti.*

**1490. Mirror.** Peili. *PE‿I-li.*

**1491. Mouthwash.** Suuvesi. *SOO+ve-si.*

**1492. Nail file.** Kynsiviila. *KÜNN-si+vee-la.*

**1493. Nail polish.** Kynsilakka. *KÜNN-si+lak-ka.*

**1494. Nose drops.** Nenätippoja. *NE-nä+tip-po-ya.*

**1495. Ointment.** Voide. *VO̱_I-de.*

**1496. Peroxide.** Peroksidi. *PE-rok-si-di.*

**1497. Powder** (OR: **Face powder**).
Puuteri. *POO̱-te-ri.*

**1498. Talcum powder.** Talkki. *TALK-ki.*

**1499. Powder puff.**
Puuterihuisku. *POO̱-te-ri+hoo‿is-koo.*

**1500. Straight razor.** Partaveitsi. *PARR-ta+ve‿it-si.*

**1501. Electric razor.** Sähköparranajokone.
*SÄHH-kö+par-ran+a-yo+ko-ne.*

**1502. Safety razor.**
Parranajokone. *PAR-ran+a-yo+ko-ne.*

**1503. Razor blade.**
Partakoneen terä. *PARR-ta+ko-nēn TE-rä.*

**1504. Rouge.** Poskipuna. *POSS-ki+poo-na.*

**1505. Sanitary napkins.**
Terveyssiteitä. *TERR-ve-üs+si-te‿i-tä.*

**1506. Sedative.**
Rauhoittava lääke. *RA‿OO-ho‿it-ta-va LÄÄ-ke.*

**1507. Shampoo.** Hiustenpesuaine (OR: Shampoo).
*HEE‿OOS-ten+pe-soo+a‿i-ne* (OR: *SHAMM-pō*).

**1508. Shaving brush.** Partasuti. *PARR-ta+soo-ti.*

**1509. Shaving cream.**
Partavaahdoke. *PARR-ta+vaahh-do-ke.*

**1510. Shaving lotion.** Partavesi. *PARR-ta+ve-si.*

**1511. Shower cap.**
Suihkulakki. *SOO‿IHH-koo+lak-ki.*

**1512. Sleeping pill.** Unitabletti. *OO-ni + tab-let-ti.*

**1513. Sponge.** Sieni. *SEE̳E-ni.*

**1514. Sunglasses.**
Aurinkolasit. *A̳OO-riñg-ko + la-sit.*

**1515. Suntan oil.**
Aurinkoöljy. *A̳OO-riñg-ko + öll-yü.*

**1516. Syringe.** Ruisku. *ROO̳IS-koo.*

**1517. Tampons.** Tamponeja. *TAMM-po-ne-ya.*

**1518. Thermometer (Celsius).** Kuumemittari (Celsius).
*KOO-mem + mit-ta-ri (SELL-si-oos).*

**1519. Toothbrush.**
Hammasharja. *HAM-mas + harr-ya.*

**1520. Toothpaste.**
Hammastahna. *HAM-mas + tahh-na.*

**1521. Toothpowder.**
Hammasjauhe. *HAM-mas + ya̳oo-he.*

**1522. Tranquilizer.** Rauhoittava lääke.
*RA̳OO-ho̳it-ta-va LÄÄ-ke.*

**1523. Vaseline.** Vaseliini. *VA-se-lee-ni.*

**1524. Vitamins.** Vitamiineja. *VI-ta-mee-ne-ya.*

# CAMERA SHOP AND PHOTOGRAPHY

**1525. I want a roll of film for this camera.**
Haluaisin filmin tähän kameraan.
*HA-loo-a̳i-sin FILL-min TÄ-hän KA-me-raan.*

**1526. Do you have [color film] [black-and-white film]?**
Onko teillä [värifilmiä] [mustavalkoista filmiä]?
*ON̄G-ko TE‿IL-lä [VÄ-ri+fil-mi-ä] [MOOSS-ta+vall-ko‿is-ta FILL-mi-ä]?*

**1527. What is the charge [for developing a roll]?**
Paljonko [filmirullan kehitys] maksaa?
*PALL-yon̄g-ko [FILL-mi+rool-lan KE-hi-tüs] MAK-saa?*

**1528. —for enlarging.**
—suurennos. *—SOO-ren-nos.*

**1529. —for one print.**
—yksi kopio. *—ÜK-si KO-pi-o.*

**1530. May I take a photo of you?**
Saanko ottaa teistä (FAM.: sinusta) kuvan?
*SAAN̄G-ko OT-taa TE‿IS-tä (FAM.: SI-noos-ta) KOO-van?*

**1531. Would you take a photo of me, please?**
Ottaisitteko (FAM.: Ottaisitko) minusta kuvan?
*OT-ta‿i-sit-te-ko (FAM.: OT-ta‿i-sit-ko) MI-noos-ta KOO-van?*

**1532. A color print.** Värikuva. *VÄ-ri+koo-va.*

**1533. A battery.** Patteri. *PAT-te-ri.*

**1534. Flash cubes.**
Nelisalamia. *NE-li+sa-la-mi-a.*

**1535. The lens.** Linssi. *LINS-si.*

**1536. The negative.** Negatiivi. *NE-ga-tee-vi.*

**1537. The shutter.** Suljin. *SOOLL-yin.*

**1538. A transparency (OR: slide).**
Dia(kuva). *DI-a(+koo-va).*

**1539. A tripod.** Kolmijalka. *KOLL-mi+yall-ka.*

See "Repairs and Adjustments," p. 115.

# GIFT AND SOUVENIR LIST

**1540. Basket.** Kori. *KO-ri.*

**1541. Box of candy.**
Makeisrasia. *MA-ke‿is+ra-si-a.*

**1542. Candlestick.**
Kynttilänjalka. *KÜNT-ti-län+yall-ka.*

**1543. Cotton prints.** Painetut puuvillakankaat.
*PA‿I-ne-toot POO-vil-la+kañg-kaat.*

**1544. Doll.** Nukke. *NOOK-ke.*

**1545. Embroidery.** Kirjailu. *KIRR-ya‿i-loo.*

**1546. Fur hats.**
Turkispäähineet. *TOORR-kis+pää-hi-nēt.*

**1547. Handicrafts.** Käsityö. *KÄ-si+tü‿ö.*

**1548. Jewelry.** Koruja. *KO-roo-ya.*

**1549. Sheathed Finnish knife.** Puukko. *POOK-ko.*

**1550. Lace.** Pitsi. *PIT-si.*

**1551. Handwoven linen [tablecloth] [napkin].**
Käsinkudottu pellava[pöytäliina] [-lautasliina].
*KÄ-sin+koo-dot-too PEL-la-va[+pö‿ü-tä+lee-na]*
*[+la‿oo-tas+lee-na].*

**1552. Lithograph.** Kivipiirros. *KI-vi+peer-ros.*

**1553. Needlework.** Ompelutyö. *OMM-pe-loo+tü‿ö.*

**1554. Penknife.**
Linkkuveitsi. *LIÑGK-koo+ve‿it-si.*

**1555. Perfume.** Hajuvettä. *HA-yoo+vet-tä.*

**1556. Phonograph records.**
Äänilevyjä. *ÄÄ-ni+le-vü-yä.*

**1557. Pottery.** Keramiikka. *KE-ra-meek-ka.*

**1558. Precious stone.** Jalokivi. *YA-lo+ki-vi.*

**1559. Reproduction (of painting, etc.).**
Jäljennös. *YÄL-yen-nös.*

**1560. Shaggy Rya-rug.** Ryijy. *RÜ‿I-yü.*

**1561. Souvenir.** Matkamuisto. *MAT-ka+moo‿is-to.*

**1562. Toys.** Leluja. *LE-loo-ya.*

# TOBACCO STORE

**1563. Where is the nearest tobacco store?**
Missä on lähin tupakkakauppa?
*MIS-sä on LÄ-hin TOO-pak-ka+ka‿oop-pa?*

**1564. I want some cigars.**
Haluan sikareita. *HA-loo-an SI-ka-re‿i-ta.*

**1565. What brands of American cigarettes [with menthol]
do you have?**
Mitä amerikkalaisia [mentoli]savukkeita teillä on?
*MI-tä A-me-rik-ka-la‿i-si-a [MEN-to-li+]SA-vook-
ke‿i-ta TE‿IL-lä on?*

**1566. One pack of king-size [filter-tip] cigarettes.**
Paketti king-size [suodatin]savukkeita.
*PA-ket-ti "king-size" [SOO‿O-da-tin+]sa-vook-
ke‿i-ta.*

**1567. I need a lighter.**
Tarvitsen sytyttimen. *TARR-vit-sen SÜ-tüt-ti-men.*

**1568. Lighter fluid.**
Sytytinbensiiniä. *SÜ-tü-tin+ben-see-ni-ä.*

**1569. Flint.** Piikivi (OR: Sytyttimen kivi).
*PEE+ki-vi* (OR: *SÜ-tüt-ti-men KI-vi*).

**1570. Matches.** Tulitikkuja. *TOO-li+tik-koo-ya.*

**1571. A pipe.**  Piippu.  *PEEP-poo.*

**1572. Pipe cleaners.**
Piipunpuhdistimia.  *PEE-poon+poohh-dis-ti-mi-a.*

**1573. Pipe tobacco.**
Piipputupakkaa.  *PEEP-poo+too-pak-kaa.*

**1574. A tobacco pouch.**
Tupakkakukkaro.  *TOO-pak-ka+kook-ka-ro.*

# LAUNDRY AND DRY CLEANING

**1575. Where can I take my laundry to be washed?**
Missä voin pesettää vaatteeni?
*MIS-sä vo‿in PE-set-tää VAAT-tē-ni?*

**1576. Is there a dry-cleaning service near here?**
Onko täällä lähellä kuivapesulaa?
*ONG-ko TÄÄL-lä LÄ-hel-lä KOO‿I-va+pe-soo-laa?*

**1577. Wash this blouse in [hot water].**
Pesisittekö tämän puseron [kuumassa vedessä]?
*PE-si-sit-te-kö TÄ-män POO-se-ron [KOO-mas-sa
VE-des-sä]?*

**1578. —warm water.**  —lämpimässä vedessä.
*—LÄMM-pi-mäs-sä VE-des-sä.*

**1579. —lukewarm water.**
—haaleassa vedessä.  *—HAA-le-as-sa VE-des-sä.*

**1580. —cold water.**
—kylmässä vedessä.  *—KÜLL-mäs-sä VE-des-sä.*

**1581. Remove the stain [from this shirt].**
Poistaisitteko tahran [tästä paidasta]?
*PO‿IS-ta‿i-sit-te-ko TAHH-ran [täss-tä PA‿I-das-ta]?*

**1582. Press [the trousers].**
[Housut] prässätään.  *[HŌ‿OO-soot] PRÄS-sä-tään.*

**1583. Starch [the collar].**
[Kaulus] tärkätään.    [*KA⁀OO-loos*] *TÄRR-kä-tään.*

**1584. Dry-clean [this coat].**    [Tämä takki] kuivapesuun.
[*TÄ-mä TAK-ki*] *KOO⁀I-va+pe-soōn.*

**1585. [The belt] is missing.**
[Vyö] puuttuu.    [*VÜ⁀Ö*] *PŌOT-toō.*

**1586. Sew on [this button].**
Voisitteko ommella [tämän napin]?
*VO⁀I-sit-te-ko OM-mel-la* [*TÄ-män NA-pin*]?

# REPAIRS AND ADJUSTMENTS

**1587. This does not work.**
Tämä ei toimi.    *TÄ-mä E⁀I TO⁀I-mi.*

**1588. This watch is [fast] [slow].**
Tämä kello käy [edellä] [jäljessä].
*TÄ-mä KEL-lo KÄ⁀Ü* [*E-del-lä*] [*YÄL-yes-sä*].

**1589. [My glasses] are broken.**
[Silmälasini] ovat rikki.
[*SILL-mä+la-si-ni*] *O-vat RIK-ki.*

**1590. It is torn.** Se on revennyt.    *SE on RE-ven-nüt.*

**1591. Where can I get it repaired?**
Missähän sen voi saada korjatuksi?
*MIS-sä-hän SEN vo⁀i SAA-dak KORR-ya-took-si?*

**1592. Fix [this lock].**
Voisitteko korjata [tämän lukon]?
*VO⁀I-sit-te-ko KORR-ya-ta* [*TÄ-män LOO-kon*]?

**1593. Fix [the sole].**
[Kengänpohja (PLURAL: Kengänpohjat)] pitäisi korjata.
[*KENG-äm+pohh-ya* (PLURAL: *KENG-äm+pohh-yat*)]
*PI-tä⁀i-si KORR-ya-ta.*

**1594. —the heel.** Kanta (PLURAL: Kannat)—.
*KANN-ta* (PLURAL: *KAN-nat*)—.

**1595. —the uppers.**
Päällysnahka—. *PÄÄL-lüs+nahh-ka*—.

**1596. —the strap.** Remmi—. *REM-mi*—.

**1597. Adjust [this hearing aid].**
Tarkistaisitteko [tämän kuulolaitteen]?
*TARR-kis-ta⌣i-sit-te-ko* [*TÄ-män KŌŌ-lo+la⌣it-tēn*]?

**1598. Lengthen [this skirt].**
Pidentäisittekö [tätä hametta]?
*PI-den-tä⌣i-sit-te-kö* [*TÄ-tä HA-met-ta*]?

**1599. Shorten [the sleeves].** Lyhentäisittekö [hihat]?
*LÜ-hen-tä⌣i-sit-te-kö* [*HI-hat*]?

**1600. Replace [the lining].**
Panisitteko siihen [uuden vuorin]?
*PA-ni-sit-te-ko SEE-hen* [*ŌŌ-den VŌŌ⌣O-rin*]?

**1601. Mend [the pocket].** Korjaisitteko [taskun]?
*KORR-ya⌣i-sit-te-ko* [*TASS-koon*]?

**1602. Fasten them together.** Kiinnittäkää ne yhteen.
*KEEN-nit-tä-kää ne ÜHH-tēn.*

**1603. Clean [the mechanism].** Puhdistakaa [koneisto].
*POOHH-dis-ta-kaa* [*KO-ne⌣is-to*].

**1604. Lubricate [the spring].**
Rasvatkaa [jousi]. *RASS-vat-kaa* [*JŌ⌣OO-si*].

**1605. Needle.** Neula. *NE⌣OO-la.*

**1606. Scissors.** Sakset. *SAK-set.*

**1607. Thimble.** Sormustin. *SORR-moos-tin.*

**1608. Thread.** Lankaa. *LAN̄G-kaa.*

## BARBER SHOP

**1609. A haircut, please.**
Leikataan tukka. *LE_I-ka-taan TOOK-ka.*

**1610. Just a trim.**
Vain tasoitus. *VA_IN TA-so_i-toos.*

**1611. A shave.** Parranajo. *PAR-ran+a-yo.*

**1612. Don't cut much [off the top].**
Älkää leikatko liikaa [päälaelta].
*ÄLL-kää LE_I-kat-ko LEE-kaa [PÄÄ+la-el-ta].*

**1613. —on the sides.** —sivuilta. *—SI-voo_il-ta.*

**1614. I want to keep my hair long.**
Haluan pitää tukkani pitkänä.
*HA-loo-an PI-tää TOOK-ka-ni PIT-kä-nä.*

**1615. I part my hair [on this side].**
Minulla on jakaus [tällä puolella].
*MI-nool-la on YA-ka-oos [TÄL-lä POO_O-lel-la].*

**1616. —on the other side.** —toisella puolella.
*—TO_I-sel-la POO_O-lel-la.*

**1617. —in the middle.** —keskellä. *—KESS-kel-lä.*

**1618. No hair tonic.**
Ei hiusvettä. *E_I HEE_OOS+vet-tä.*

**1619. Trim [my mustache].** Tasoittaisitteko [viikseni]?
*TA-so_it-ta_i-sit-te-ko [VEEK-se-ni]?*

**1620. —my eyebrows.**
—kulmakarvani. *—KOOLL-ma+karr-va-ni.*

**1621. —my beard.** —partani. *—PARR-ta-ni.*

**1622. —my sideburns.**
—pulisonkini. *—POO-li-song-ki-ni.*

# BEAUTY PARLOR

**1623. I want to make an appointment for [Monday afternoon].**
Haluaisin tilata ajan [maanantai-iltapäiväksi].
*HA-loo-a͜_i-sin TI-la-ta A-yan [MAA-nan-ta͜_i+ill-ta+pä͜_i-väk-si].*

**1624. Comb my hair.**    Kampaisitteko tukkani?
*KAMM-pa͜_i-sit-te-ko TOOK-ka-ni?*

**1625. Wash my hair.**
Pesisittekö tukkani?    *PE-si-sit-te-kö TOOK-ka-ni?*

**1626. Shampoo and set, please.**
Haluaisin pesun ja kampauksen.
*HA-loo-a͜_i-sin PE-soon ya KAMM-pa-ook-sen.*

**1627. Not too short.**
Ei liian lyhyeksi.    *E͜_I LEE-an LÜ-hü-ek-si.*

**1628. In this style, please.**
Tällä tavalla.    *TÄL-lä TA-val-la.*

**1629. Dye my hair [in this shade].**
Värjäisittekö tukkani [tämän väriseksi]?
*VÄRR-yä͜_i-sit-te-kö TOOK-ka-ni [TÄ-män VÄ-ri-sek-si]?*

**1630. Clean and set this wig.**
Puhdistus ja kampaus tähän peruukkiin.
*POOHH-dis-toos ya KAMM-pa-oos TÄ-hän PE-rōōk-keen.*

**1631. A curl.**    Kihara.    *KI-ha-ra.*

**1632. A facial.**
Kasvojenhoito.    *KASS-vo-yen+ho͜_i-to.*

**1633. Hair rinse.**    Huuhtelu.    *HŌŌHH-te-loo.*

**1634. A manicure.**    Käsienhoito.    *KÄ-si-en+ho͜_i-to.*

**1635. A massage.**   Hieronta.   *HEE⌣E-ron-ta.*

**1636. A permanent wave.**
Permanentti.   *PERR-ma-nent-ti.*

# STORES AND SERVICES

**1637. Antique shop.**
Antiikkiliike.   *ANN-teek-ki+lee-ke.*

**1638. Art gallery.**
Taidegalleria.   *TA⌣I-deg+gal-le-ri-a.*

**1639. Artist's materials.**
Taidevälineitä.   *TA⌣I-dev+vä-li-ne⌣i-tä.*

**1640. Auto rental.**
Autovuokraamo.   *A⌣OO-to+vōō⌣ok-raa-mo.*

**1641. Auto repairs.**
Autokorjaamo.   *A⌣OO-to+korr-yaa-mo.*

**1642. Bakery.**   Leipomo.   *LE⌣I-po-mo.*

**1643. Bank.**   Pankki.   *PANK-ki.*

**1644. Bar.**   Baari.*   *BAA-ri.*

**1645. Barber.**   Parturi.   *PARR-too-ri.*

**1646. Beauty salon.**
Kauneushoitola.   *KA⌣OO-ne-oos+ho⌣i-to-la.*

**1647. Bookshop.**   Kirjakauppa.   *KIRR-ya+ka⌣oop-pa.*

**1648. Butcher.**   Lihakauppa.   *LI-ha+ka⌣oop-pa.*

**1649. Candy shop.**
Makeiskauppa.   *MA-ke⌣is+ka⌣oop-pa.*

---

\* May be a dairy bar (*maitobaari, MA⌣I-to-baa-ri*), serving simple food, coffee and milk products.

**1650. Checkroom.** Vaatehuone. *VAA-teh+hōo‿o-ne.*

**1651. Clothing store.**
Vaatetusliike. *VAA-te-toos+lee-ke.*

**1652. Cosmetics.**
Kosmeettisia aineita. *KOSS-mēt-ti-si-a A‿I-ne‿i-ta.*

**1653. Dance studio.**
Tanssistudio. *TANS-si+stoo-di-o.*

**1654. Delicatessen.**
Herkkukauppa. *HERK-koo+ka‿oop-pa.*

**1655. Dentist.** Hammaslääkäri. *HAM-mas+lää-kä-ri.*

**1656. Department store.** Tavaratalo. *TA-va-ra+ta-lo.*

**1657. Dressmaker.** Ompelija. *OMM-pe-li-ya.*

**1658. Drugstore.**
Kemikalio (OR: Rohdoskauppa).
*KE-mi-ka-li-o* (OR: *ROHH-dos+ka‿oop-pa*).

**1659. Dry cleaners.**
Kemiallinen pesula. *KE-mi-al-li-nen PE-soo-la.*

**1660. Electrical supplies.**
Sähkötarvikkeita. *SÄHH-kö+tarr-vik-ke‿i-ta.*

**1661. Employment agency.**
Työnvälitystoimisto. *TÜ‿ÖN+vä-li-tüs+to‿i-mis-to.*

**1662. Fish store.** Kalakauppa. *KA-la+ka‿oop-pa.*

**1663. Florist.** Kukkakauppa. *KOOK-ka+ka‿oop-pa.*

**1664. Fruit store.**
Hedelmäkauppa. *HE-del-mä+ka‿oop-pa.*

**1665. Funeral parlor.**
Hautaustoimisto. *HA‿OO-ta-oos+to‿i-mis-to.*

**1666. Furniture store.**
Huonekaluliike. *HŌO‿O-nek+ka-loo+lee-ke.*

**1667. Gift shop.**
Lahjatavarakauppa. *LAHH-ya+ta-va-ra+ka◡oop-pa.*

**1668. Grocery.**
Ruokatavarakauppa (OR: Sekatavarakauppa).
*ROO◡O-ka+ta-va-ra+ka◡oop-pa* (OR: *SE-ka+ta-va-ra+ka◡oop-pa*).

**1669. Hardware store.**
Rautakauppa. *RA◡OO-ta+ka◡oop-pa.*

**1670. Hat shop** (OR: **Milliner**).
Hattuliike. *HAT-too+lee-ke.*

**1671. Housewares.**
Taloustavaroita. *TA-lo-oos+ta-va-ro◡i-ta.*

**1672. Jewelry store.** Koruliike. *KO-roo+lee-ke.*

**1673. Lawyer.** Asianajaja. *A-si-an+a-ya-ya.*

**1674. Laundry.** Pesula. *PE-soo-la.*

**1675. Loans.** Lainoja. *LA◡I-no-ya.*

**1676. Lumberyard.** Lautatarha. *LA◡OO-ta+tarr-ha.*

**1677. Market.** Tori. *TO-ri.*

**1678. Money exchange.**
Valuutanvaihto. *VA-loo̅o̅-tan+va◡ihh-to.*

**1679. Music store.**
Musiikkikauppa. *MOO-seek-ki+ka◡oop-pa.*

**1680. Musical instruments.** Soittimia. *SO◡IT-ti-mi-a.*

**1681. Newsstand.** Lehtikioski. *LEHH-ti+ki-os-ki.*

**1682. Paints.** Maali. *MAA-li.*

**1683. Pastry shop.** Leipomo. *LE◡I-po-mo.*

**1684. Pet shop.** Eläinkauppa. *E-lä◡in̄g+ka◡oop-pa.*

**1685. Pharmacy** (OR: **Apothecary**).
Apteekki. *AP-tēk-ki.*

**1686. Photographer's.**
Valokuvaamo. *VA-lo + koo-vaa-mo.*

**1687. Printing.** Kirjapaino. *KIRR-ya + pa⌣i-no.*

**1688. Real estate.** Kiinteistöjä. *KEEN-te⌣is-tö-yä.*

**1689. Sewing machines.**
Ompelukoneita. *OMM-pe-loo-ko-ne⌣i-ta.*

**1690. Shoemaker.** Suutari. *SŌO-ta-ri.*

**1691. Shoeshine.**
Kenkien kiilloitus. *KEN̄G-ki-en KEEL-lo⌣i-toos.*

**1692. Shoe store.**
Kenkäkauppa. *KEN̄G-kä + ka⌣oop-pa.*

**1693. Sightseeing.**
Kiertoajelu. *KEE⌣ER-to + a-ye-loo.*

**1694. Sporting goods.**
Urheiluvälineitä. *OORR-he⌣i-loo + vä-li-ne⌣i-tä.*

**1695. Stockbroker.**
Osakevälittäjä. *O-sa-kev + vä-lit-tä-yä.*

**1696. Supermarket.**
Valintamyymälä. *VA-lin-ta + müü-mä-lä.*

**1697. Tailor.** Räätäli. *RÄÄ-tä-li.*

**1698. Tobacco shop.**
Tupakkakauppa. *TOO-pak-ka + ka⌣oop-pa.*

**1699. Toy shop.** Lelukauppa. *LE-loo + ka⌣oop-pa.*

**1700. Trucking.** Kuorma-autokuljetuksia.
*KŌO⌣OR-ma + a⌣oo-to + kool-ye-took-si-a.*

**1701. Upholsterer.** Verhoilua. *VERR-ho⌣i-loo-a.*

**1702. Used cars.**
Käytettyjä autoja. *KÄ⌣Ü-tet-tü-yä A⌣OO-to-ya.*

**1703. Vegetable store.**
Vihanneskauppa. *VI-han-nes + ka＿oop-pa.*

**1704. Watchmaker.** Kelloseppä. *KEL-lo + sep-pä.*

**1705. Wines and liquors.** Alko (OR: Alkoholiliike).
*ALL-ko* (OR: *ALL-ko-ho-li + lee-ke*).

# BABY CARE

**1706. I need a reliable baby-sitter tonight [at 7 o'clock].**
Tarvitsen luotettavan lapsenvahdin tänä iltana [kello
  yhdeksäntoista].
*TARR-vit-sen LOO＿O-tet-ta-van LAP-sen + vahh-din
  TÄ-nä ILL-ta-na [KEL-lo ÜHH-dek-sän + to＿is-ta].*

**1707. Call a pediatrician immediately.**
Soittakaa heti lastenlääkärille.
*SO＿IT-ta-kaa HE-ti LASS-ten + lää-kä-ril-le.*

**1708. Feed the baby.** Syöttäkää (FAM.: Syötä) vauva.
*SÜ＿ÖT-tä-kää* (FAM.: *SÜ＿Ö-täv) VA＿OO-va.*

**1709. Change the diaper.**
Vaihtakaa (FAM.: Vaihda) vaipat.
*VA＿IHH-ta-kaa* (FAM.: *VA＿IHH-dav) VA＿I-pat.*

**1710. Bathe the baby.**
Kylvettäkää (FAM.: Kylvetä) vauva.
*KÜL-vet-tä-kää* (FAM.: *KÜL-ve-täv) VA＿OO-va.*

**1711. Put the baby in the crib for a nap.**
Pankaa (FAM.: Pane) vauva vuoteeseen nukkumaan.
*PAN̄G-kaa* (FAM.: *PA-nev) VA＿OO-va VŌO＿O-tē-sēn
  NOOK-koo-maan.*

**1712. Give the baby a pacifier if he cries.**
Antakaa (FAM.: Anna) vauvalle tutti, jos se itkee.
*ANN-ta-kaa* (FAM.: *AN-nav*) *VA͡_OO-val-let TOOT-ti,
YOS se IT-kē.*

**1713. Do you have an ointment for diaper rash?**
Onko teillä salvaa alapään ihottumaan?
*ONG-ko TE͡_IL-lä SALL-vaa A-la-pään I-hot-too-maan?*

**1714. Take the baby to the park in the [carriage]
[stroller].**
Viekää (FAM.: Vie) vauva puistoon [vaunuissa] [rattailla].
*VEE͡_E-kää* (FAM.: *VEE͡_EV*) *VA͡_OO-va POO͡_IS-tōn
[VA͡_OO-noo͡_is-sa] [RAT-ta͡_il-la].*

**1715. Baby** (OR: **Strained**) **food.**
Lastenruokaa. *LASS-ten-rōō͡_o-kaa.*

**1716. Baby powder.** Talkkia. *TALK-ki-a.*

**1717. Bib.** Etulappu. *E-too+lap-poo.*

**1718. Colic** (OR: **Stomachache**).
Mahavaivat. *MA-ha+va͡_i-vat.*

**1719. Disposable bottles.**
Kertakäyttöpulloja. *KERR-ta+kä͡_üt-tö+pool-lo-ya.*

**1720. Disposable diapers.** Kertakäyttövaippoja.
*KERR-ta+kä͡_üt-tö+va͡_ip-po-ya.*

**1721. High chair.** Syöttötuoli. *SÜ͡_ÖT-tö+tōō͡_o-li.*

**1722. Nursemaid.**
Lastenhoitaja. *LASS-ten+ho͡_i-ta-ya.*

**1723. Playground.** Leikkikenttä. *LE͡_IK-ki+kent-tä.*

**1724. Playpen.** Leikkikehä. *LE͡_IK-ki+ke-hä.*

**1725. Rattle.** Helistin. *HE-lis-tin.*

**1726. Stuffed toy.** Pehmeä lelu. *PEHH-me-ä LE-loo.*

# HEALTH AND ILLNESS

**1727. Is the doctor [at home] [in his office]?**
Onko tohtori [kotona] [vastaanotollaan]?
*ONG-ko TOHH-to-ri [KO-to-na] [VASS-taan+o-tol-laan]?*

**1728. What are his office hours?**
Milloin hänellä on vastaanotto?
*MIL-lo‿in HÄ-nel-lä on VASS-taan+ot-to?*

**1729. Take my temperature.**
Koettakaa minulta kuumetta.
*KO-et-ta-kaa MI-nool-ta KOO-met-ta.*

**1730. I have something [in my eye].**
Minulla on jotain [silmässä].
*MI-nool-la on YO-ta‿in [SILL-mäs-sä].*

**1731. I have a pain [in my back].**
[Selkääni] koskee. *[SELL-kää-ní] KOSS-kē.*

**1732. [My toe] is swollen.** [Varpaani] on turvoksissa.
*[VARR-paa-ni] on TOORR-vok-sis-sa.*

**1733. It is sensitive to pressure** (LIT.: **It hurts when you press it).**
Siihen koskee, kun sitä painaa.
*SEE-hen KOSS-kē, koon SI-tä PA‿I-naa.*

**1734. Is it serious?**
Onko se vakavaa? *ONG-ko se VA-ka-vaa?*

**1735. I do not sleep well.** Olen nukkunut huonosti.
*O-len NOOK-koo-noot HOO‿O-nos-ti.*

**1736. I have no appetite.**
Minulla ei ole ruokahalua (OR: Ruoka ei maistu).
*MI-nool-la E‿I o-ler ROO‿O-ka+ha-loo-a* (OR:
*ROO‿O-ka E‿I MA‿IS-too).*

126

**1737. Can you give me something to relieve the pain?**
Voisitteko antaa jotain helpottamaan särkyä?
VO͜_I-sit-te-ko ANN-taa YO-ta͜_in HELL-pot-ta-maan
SÄRR-kü-ä?

**1738. I am allergic to [penicillin].**
Olen allerginen [penisilliinille].
O-len AL-ler-gi-nen [PE-ni-sil-lee-nil-le].

**1739. Where should I have this prescription filled?**
Missä tämän lääkemääräyksen voi täyttää?
MIS-sä TÄ-män LÄÄ-kem+mää-rä-ük-sen vo͜_i
TÄ͜_ÜT-tää?

**1740. Do I have to go to [a hospital]?**
Täytyykö minun mennä [sairaalaan]?
TÄ͜_Ü-tüü-kö MI-noon men-näs [SA͜_I-raa-laan]?

**1741. Is surgery required?** Onko leikkaus välttämätön?
ONG-ko LE͜_IK-ka-oos VÄLT-tä-mä-tön?

**1742. Do I have to stay in bed?**
Täytyykö minun pysyä vuoteessa?
TÄ͜_Ü-tüü-kö MI-noon PÜ-sü-äv VOO͜_O-tēs-sa?

**1743. When will I begin to feel better?**
Milloinkahan oloni alkaa tuntua paremmalta?
MIL-lo͜_ing-ka-han O-lo-ni ALL-kaa TOONN-too-ap
PA-rem-mal-ta?

**1744. Is it contagious?**
Onko se tarttuvaa? ONG-ko se TART-too-vaa?

**1745. How do you feel?**
Kuinka voitte? (OR: Miltä tuntuu?)
KOO͜_ING-ka VO͜_IT-te? (OR: MILL-tä TOONN-tōō?)

**1746. I feel [better].** Tunnen oloni [paremmaksi].
TOON-nen O-lo-ni [PA-rem-mak-si].

**1747. —worse.**
—huonommaksi. —HŌŌ‿O-nom-mak-si.

**1748. —about the same.**
—suunnilleen samaksi. —SŌŌN-nil-lēn SA-mak-si.

**1749. Shall I keep it bandaged?**
Onko se pidettävä siteissä?
ŌNG-ko se PI-det-tä-vä SI-te‿is-sä?

**1750. Can I travel [on Monday]?**
Voinko matkustaa [maanantaina]?
VO‿ING-ko MAT-koos-taa [MAA-nan-ta‿i-na]?

**1751. When will you come again?**
Milloin tulette uudelleen?
MIL-lo‿in TOO-let-te ŌŌ-del-lēn?

**1752. When should I take [the medicine]?**
Milloin minun täytyy ottaa [lääkettä]?
MIL-lo‿in MI-noon TÄ‿Ü-tüü OT-taal [LÄÄ-ket-tä]?

**1753. —the injections.** —pistokset. —PISS-tok-set.

**1754. —the pills.** —pillerit. —PIL-le-rit.

**1755. Every hour.** Joka tunti. YO-ka TOONN-ti.

**1756. Before meals.**
Ennen ateriaa. EN-nen A-te-ri-aa.

**1757. After meals.**
Aterian jälkeen. A-te-ri-an YÄLL-kēn.

**1758. On going to bed.**
Nukkumaan mennessä. NOOK-koo-maan MEN-nes-sä.

**1759. On getting up.** Noustessa. NŌ‿OOS-tes-sa.

**1760. Twice a day.** Kaksi kertaa päivässä.
KAK-si KERR-taa PÄ‿I-väs-sä.

**1761. An anesthetic.**
Nukutusaine. NOO-koo-toos+a‿i-ne.

128 AILMENTS

**1762. Convalescence.**
Toipilasaika. *TO⌣I-pi-las+a⌣i-ka.*

**1763. Cure.**
Hoito (OR: Kuuri). *HO⌣I-to* (OR: *KŌŌ-ri*).

**1764. Diet.** Ruokavalio (OR: Dieetti).
*RŌŌ⌣O-ka+va-li-o* (OR: *DI-ēt-ti*).

**1765. A drop.** Tippa. *TIP-pa.*

**1766. An epidemic.** Epidemia. *E-pi-de-mi-a.*

**1767. Nurse.**
Sairaanhoitaja. *SA⌣I-raan+ho⌣i-ta-ya.*

**1768. An ophthalmologist.**
Silmälääkäri. *SILL-mä+lää-kä-ri.*

**1769. An orthopedist.** Ortopedi. *ORR-to-pe-di.*

**1770. A specialist.** Asiantuntija (OR: Spesialisti).
*A-si-an+toon-ti-ya* (OR: *SPE-si-a-lis-ti*).

**1771. A surgeon.** Kirurgi. *KI-roorr-gi.*

**1772. Treatment.**
Hoito (OR: Kohtelu). *HO⌣I-to* (OR: *KOHH-te-loo*).

**1773. X-ray.** Röntgensäde. *RÖNT-gen+sä-de.*

# AILMENTS

**1774. An abscess.** *Ajos. A-yos.*

**1775. An allergy.** Allergia. *AL-ler-gi-a.*

**1776. An appendicitis attack.**
Umpisuolen puhkeaminen.
*OOMM-pi+sōō⌣o-len POOHH-ke-a-mi-nen.*

**1777. An insect bite.**
Hyönteisen purema. *HÜ⌣ÖN-te⌣i-sen POO-re-ma.*

**1778. A blister.** Rakkula. *RAK-koo-la.*

**1779. A boil.** Paise. *PA_I-se.*

**1780. A bruise.** Ruhje. *ROOHH-ye.*

**1781. A burn.** Palohaava. *PA-lo+haa-va.*

**1782. Chicken pox.** Vesirokko. *VE-si+rok-ko.*

**1783. A chill.** Vilunväreet. *VI-loon+vä-rēt.*

**1784. A cold.** Vilustuminen. *VI-loos-too-mi-nen.*

**1785. A head cold.** Nuha. *NOO-ha.*

**1786. Constipation.** Ummetus. *OOM-me-toos.*

**1787. A corn.** Liikavarvas. *LEE-ka+varr-vas.*

**1788. A cough.** Yskä. *ÜSS-kä.*

**1789. A cramp.** Kouristus. *KŌ_OO-ris-toos.*

**1790. A cut.** Naarmu. *NAARR-moo.*

**1791. Diarrhea.** Ripuli. *RI-poo-li.*

**1792. Dysentery.** Punatauti. *POO-na+ta_oo-ti.*

**1793. An earache.** Korvasärky. *KORR-va+särr-kü.*

**1794. To feel faint.** Pyörryttää. *PÜ_ÖR-rüt-tää.*

**1795. A fever.** Kuume. *KŌŌ-me.*

**1796. A fracture.**
Luunmurtuma. *LŌŌN+moorr-too-ma.*

**1797. Hay fever.** Heinänuha. *HE_I-nä+noo-ha.*

**1798. Headache.** Päänsärky. *PÄÄN+särr-kü.*

**1799. Indigestion.** Ruoansulatushäiriö.
*RŌŌ-wan+soo-la-toos+hä_i-ri-ö.*

**1800. Infection.** Infektio. *IN-fek-ti-o.*

**1801. Inflammation.** Tulehdus. *TOO-lehh-doos.*

**1802. Influenza.** Influenssa. *IN-floo-ens-sa.*

**1803. Insomnia.** Unettomuus. *OO-net-to-mōos.*

**1804. Measles.** Tuhkarokko. *TOOHH-ka+rok-ko.*

**1805. German measles.**
Vihurirokko. *VI-hoo-ri+rok-ko.*

**1806. Mumps.** Sikotauti. *SI-ko+ta_oo-ti.*

**1807. Nausea.** Pahoinvointi. *PA-ho_in+vo_in-ti.*

**1808. Nosebleed.**
Verenvuoto nenästä. *VE-ren+voo_o-to NE-näss-tä.*

**1809. Pneumonia.**
Keuhkokuume. *KE_OOHH-ko+koo-me.*

**1810. Poisoning.** Myrkytys. *MÜRR-kü-tüs.*

**1811. A sore throat.**
Kipeä kurkku. *KI-pe-ä KOORK-koo.*

**1812. A sprain.** Nyrjähdys. *NÜRR-yähh-düs.*

**1813. A bee sting.**
Ampiaisen pisto. *AMM-pi-a_i-sen PISS-to.*

**1814. Sunburned.**
Auringossa palanut. *A_OO-ring-os-sa PA-la-noot.*

**1815. A swelling.** Turvotus. *TOORR-vo-toos.*

**1816. Tonsillitis.**
Nielurisatulehdus. *NEE_E-loo+ri-sa+too-lehh-doos.*

**1817. To vomit.** Oksentaa. *OK-senn-taa.*

See "Accidents," "Parts of the Body," and "Drugstore."


# DENTIST

**1818. Can you recommend [a good dentist]?**
Voitteko suositella [hyvää hammaslääkäriä]?
*VO_IT-te-ko SOO_O-si-tel-la [HÜ-vää HAM-mas+lää-kä-ri-ä]?*

**1819. I have lost a filling.**
Minulta on pudonnut paikka.
*MI-nool-ta on POO-don-noot PA⌣IK-ka.*

**1820. Can you replace [the filling]?**
Voitteko uusia [paikan]?
*VO⌣IT-te-ko OO-si-a [PA⌣I-kan]?*

**1821. Can you fix [the bridge]?**
Voitteko korjata [siltaproteesin]?
*VO⌣IT-te-ko KORR-ya-tas [SILL-ta+pro-tē-sin]?*

**1822. —this denture.** —tämän hammasproteesin.
*—TÄ-män HAM-mas+pro-tē-sin.*

**1823. This tooth hurts me.** Tähän hampaaseen koskee.
*TÄ-hän HAMM-paa-seen KOSS-kē.*

**1824. My gums are sore.**
Ikenet ovat kipeät. *I-ke-net O-vat KI-pe-ät.*

**1825. I have a broken tooth.** Minulta katkesi hammas.
*MI-nool-ta KAT-ke-si HAM-mas.*

**1826. I have [a toothache] [a cavity].**
Minulla on [hammassärky] [reikä hampaassa].
*MI-nool-la on [HAM-mas+särr-kü] [RE⌣I-kä
HAM-paas-sa].*

**1827. Please give me [a general anesthetic] [a local
anesthetic].**
Haluaisin [puudutuksen] [paikallispuudutuksen].
*HA-loo-a⌣i-sin [POO-doo-took-sen] [PA⌣I-kal-
lis+pōō-doo-took-sen].*

**1828. I do not want the tooth extracted.**
En halua, että hammasta vedetään pois.
*EN HA-loo-a, ET-tä HAM-mas-ta VE-de-tään PO⌣IS.*

**1829. A temporary filling.** Väliaikainen paikka.
*VÄ-li+a⌣i-ka⌣i-nen PA⌣IK-ka.*

# ACCIDENTS

**1830. There has been an accident.**
On sattunut onnettomuus.
*ON SAT-too-noot ON-net-to-mōos.*

**1831. Get [a doctor] [a nurse] immediately!**
Hakekaa [lääkäri] [sairaanhoitaja] heti!
*HA-ke-kaa [LÄÄ-kä-ri] [SA‿I-raan+ho‿i-ta-ya] HE-ti!*

**1832. Call [an ambulance] [a policeman] immediately!**
Soittakaa heti [ambulanssi] [poliisi]!
*SO‿IT-ta-kaa HE-ti [AM-boo-lans-si] [PO-lee-si]!*

**1833. He has fallen.**
Hän on kaatunut.   *HÄN on KAA-too-noot.*

**1834. She has fainted.**
Hän on pyörtynyt.   *HÄN on PÜ‿ÖR-tü-nüt.*

**1835. Do not move [her] [him].**
Älkää liikuttako häntä!
*ÄLL-kää LEE-koot-ta-ko HÄNN-tä!*

**1836. [My finger] is bleeding.**   [Sormestani] vuotaa verta.
*[SORR-mes-ta-ni] VOO‿O-taa VERR-ta.*

**1837. A fracture [of the arm].**   [Käsivarren] murtuma.
*[KÄ-si+var-ren] MOORR-too-ma.*

**1838. I want [to rest] [to sit down] [to lie down].**
Haluan [levätä] [istua] [käydä pitkäkseni].
*HA-loo-an [LE-vä-tä] [ISS-too-a] [KÄ‿Ü-dä
    PIT-käk-se-ni].*

**1839. Notify [my husband].**
Ilmoittaisitteko [miehelleni].
*ILL-mo‿it-ta‿i-sit-te-ko [MEE‿E-hel-le-ni].*

**1840. A tourniquet.**   Kiristysside.   *KI-ris-tüs+si-de.*

# PARTS OF THE BODY

**1841. Ankle.** Nilkka. *NILK-ka.*

**1842. Appendix.** Umpisuoli. *OOMM-pi+sōo‿o-li.*

**1843. Arm.** Käsi(varsi). *KÄ-si(+varr-si).*

**1844. Armpit.** Kainalo. *KA‿I-na-lo.*

**1845. Artery.** Valtimo. *VALL-ti-mo.*

**1846. Back.** Selkä. *SELL-kä.*

**1847. Belly.** Vatsa. *VAT-sa.*

**1848. Blood.** Veri. *VE-ri.*

**1849. Blood vessel.** Verisuoni. *VE-ri+sōo‿o-ni.*

**1850. Body.**
Keho (OR: Ruumis). *KE-ho* (OR: *RŌO-mis*).

**1851. Bone.** Luu. *lōo.*

**1852. Bowel.** Suoli. *SŌO‿O-li.*

**1853. Brain.** Aivot. *A‿I-vot.*

**1854. Breast.** Rinta. *RINN-ta.*

**1855. Calf.** Pohje. *POHH-ye.*

**1856. Cheek.** Poski. *POSS-ki.*

**1857. Chest.** Rinta. *RINN-ta.*

**1858. Chin.** Leuka. *LE‿OO-ka.*

**1859. Collarbone.** Solisluu. *SO-lis+lōo.*

**1860. Ear.** Korva. *KORR-va.*

**1861. Elbow.** Kyynärpää. *KÜÜ-när+pää.*

**1862. Eye.** Silmä. *SILL-mä.*

**1863. Eyelashes.** Silmäripset. *SILL-mä+rip-set.*

**1864. Eyelid.** Silmäluomi. *SILL-mä+lōo‿o-mi.*

**1865. Face.** Kasvot. *KASS-vot.*

**1866. Finger.** Sormi. *SORR-mi.*

**1867. Fingernail.**
(Sormen)kynsi. *(SORR-men+)KÜNN-si.*

**1868. Foot.** Jalka. *YALL-ka.*

**1869. Forehead.** Otsa. *OTT-sa.*

**1870. Gall bladder.** Sappirakko. *SAP-pi+rak-ko.*

**1871. Genitals.**
Sukupuolielimet. *SOO-koo+pōō͜o-li+e-li-met.*

**1872. Glands** Rauhaset. *RA͜OO-ha-set.*

**1873. Gums.** Ikenet. *I-ke-net.*

**1874. Hair.** Tukka. *TOOK-ka.*

**1875. Hand.** Käsi. *KÄ-si.*

**1876. Head.** Pää. *pää.*

**1877. Heart.** Sydän. *SÜ-dän.*

**1878. Heel.** Kantapää. *KANN-ta+pää.*

**1879. Hip.** Lanne. *LAN-ne.*

**1880. Intestines.** Suolisto. *SŌŌ͜O-lis-to.*

**1881. Jaw.** Leuka. *LE͜OO-ka.*

**1882. Joint.** Nivel. *NI-vel.*

**1883. Kidney.** Munuainen. *MOO-noo-a͜i-nen.*

**1884. Knee.** Polvi. *POLL-vi.*

**1885. Larynx.** Kurkunpää. *KOORR-koom+pää.*

**1886. Leg** (OR: **Foot**). Jalka. *YALL-ka.*

**1887. Lip.** Huuli. *HŌŌ-li.*

**1888. Liver.** Maksa. *MAK-sa.*

**1889. Lungs.** Keuhkot. *KE͜OOHH-kot.*

1890. **Mouth.** Suu. *sōō*.

1891. **Muscle.** Lihas. *LI-has*.

1892. **Nail.** Kynsi. *KÜNN-si*.

1893. **Navel.** Napa. *NA-pa*.

1894. **Neck.** Niska. *NISS-ka*.

1895. **Nerve.** Hermo. *HERR-mo*.

1896. **Nose.** Nenä. *NE-nä*.

1897. **Pancreas.** Haima. *HA͜_I-ma*.

1898. **Rib.** Kylkiluu. *KÜLL-ki+lōō*.

1899. **Shoulder.** Olkapää. *OLL-ka+pää*.

1900. **Side.** Kylki. *KÜLL-ki*.

1901. **Skin.** Iho. *I-ho*.

1902. **Skull.** Pääkallo. *PÄÄ+kal-lo*.

1903. **Spine.** Selkäranka. *SELL-kä+raṅg-ka*.

1904. **Spleen.** Perna. *PERR-na*.

1905. **Stomach.** Vatsa (OR: Mahalaukku).
*VAT-sa* (OR: *MA-ha+la͜_ook-koo*).

1906. **Temple.** Ohimo. *O-hi-mo*.

1907. **Thigh.** Reisi. *RE͜_I-si*.

1908. **Throat.** Kurkku. *KOORK-koo*.

1909. **Thumb.** Peukalo. *PE͜_OO-ka-lo*.

1910. **Toe.** Varvas. *VARR-vass*.

1911. **Tongue.** Kieli. *KEE͜_E-li*.

1912. **Tonsils.** Nielurisat. *NEE͜_E-loo+ri-sat*.

1913. **Vein.** Laskimo. *LASS-ki-mo*.

1914. **Waist.** Vyötärö. *VÜ͜_Ö-tä-rö*.

1915. **Wrist.** Ranne. *RAN-ne*.

# TIME

**1916. What time is it?**
Paljonko kello on? *PALL-yoṅg-ko KEL-lo on?*

**1917. Nine A.M.**
Yhdeksän aamulla. *ÜHH-dek-sän AA-mool-la.*

**1918. Nine P.M.**
Yhdeksän illalla (OR: Kaksikymmentäyksi).
*ÜHH-dek-sän IL-lal-la* (OR: *KAK-si+küm-men-
tä+ük-si*).

**1919. It is exactly half-past three.**
Kello on tasan puoli neljä.
*KEL-lo on TA-san POO‿O-li NELL-yä.*

**1920. Quarter-past four.**
Viittätoista yli neljä. *VEET-tä+to‿is-ta Ü-li NELL-yä.*

**1921. Quarter to five.** Viittätoista vaille viisi.
*VEET-tä+to‿is-ta VA‿IL-lev VEE-si.*

**1922. At ten minutes to six.** Kymmentä vaille kuusi.
*KÜM-men-tä VA‿IL-lek KOO-si.*

**1923. At twenty minutes past seven.**
Kaksikymmentä yli seitsemän.
*KAK-si+küm-men-tä Ü-li SE‿IT-se-män.*

**1924. It is early.** On aikaista. *on A‿I-ka‿is-ta.*

**1925. It is late.** On jo myöhä. *on yo MÜ‿Ö-hä.*

**1926. In the morning.** Aamulla. *AA-mool-la.*

**1927. This afternoon.**
Tänään iltapäivällä. *TÄ-nään ILL-ta+pä‿i-väl-lä.*

**1928. Tomorrow.** Huomenna. *HOO‿O-men-na.*

**1929. Evening.** Ilta. *ILL-ta.*

**1930. At noon.** Keskipäivällä. *KESS-ki+pä‿i-väl-lä.*

**1931. At midnight.** Keskiyöllä. *KESS-ki+ü‿öl-lä.*

**1932. During the day.** Päivällä. *PÄ‿I-väl-lä.*

**1933. Every [evening] [night].**
Joka [ilta] [yö]. *YO-ka [ILL-ta] [Ü‿Ö].*

**1934. All night.** Koko yö. *KO-ko Ü‿Ö.*

**1935. Since yesterday.**
Eilisestä lähtien. *E‿I-li-ses-tä LÄHH-ti-en.*

**1936. Today.** Tänään. *TÄ-nään.*

**1937. Tonight.** Tänä iltana. *TÄ-nä ILL-ta-na.*

**1938. Last month.** Viime kuussa. *VEE-me KŌŌS-sa.*

**1939. Last year.**
Viime vuonna. *VEE-me VŌŌ‿ON-na.*

**1940. Next Sunday.**
Ensi sunnuntaina. *ENN-si SOON-noon-ta‿i-na.*

**1941. Next week.** Ensi viikolla. *ENN-si VEE-kol-la.*

**1942. The day before yesterday.**
Toissapäivänä. *TO‿IS-sa+pä‿i-vä-nä.*

**1943. The day after tomorrow.**
Ylihuomenna. *Ü-li+hōō‿o-men-na.*

**1944. Two weeks ago.**
Kaksi viikkoa sitten. *KAK-si VEEK-ko-a SIT-ten.*

# WEATHER

**1945. How is the weather today?**
Millainen ilma tänään on?
*MIL-la‿i-nen ILL-ma TÄ-nään on?*

**1946. It looks like rain.**
Taitaa tulla sade. *TA‿I-taa TOOL-las SA-de.*

**1947. It is [cold].** On [kylmä]. *on [KÜLL-mä].*

**1948.** —**fair.**
—kaunis päivä. —*KA͜OO-nis PÄ͜I-vä.*

**1949.** —**warm.** —lämmintä. —*LÄM-min-tä.*

**1950. It is windy.** Tuulee. *TŌŌ-lē.*

**1951. The weather is clearing.**
Ilma selkenee. *ILL-ma SELL-ke-nē.*

**1952. What a beautiful day!**
Onpa kaunis päivä! *OM-pa KA͜OO-niss PÄ͜I-vä!*

**1953. I want to sit [in the shade].** Haluan istua [varjossa].
*HA-loo-an ISS-too-a [VARR-yos-sa].*

**1954.** —**in the sun.**
—auringossa. —*A͜OO-riñg-os-sa.*

**1955.** —**in a breeze.** —tuulessa. —*TŌŌ-les-sa.*

**1956. What is the weather forecast [for tomorrow]**
 **[for the weekend]?**
Mitä säätiedotus ennustaa [huomiseksi] [viikonlopuksi]?
*MI-tä SÄÄ+tee͜e-do-toos EN-noos-taa [HŌŌ͜O-mi-sek-si] [VEE-kon+lo-pook-si]?*

**1957. It will snow tomorrow.** Huomenna sataa lunta.
*HŌŌ͜O-men-na SA-taa LOONN-ta.*

# DAYS OF THE WEEK

**1958. Sunday.** Sunnuntai. *SOON-noon-ta͜i.*

**1959. Monday.** Maanantai. *MAA-nan-ta͜i.*

**1960. Tuesday.** Tiistai. *TEES-ta͜i.*

**1961. Wednesday.** Keskiviikko. *KESS-ki+veek-ko.*

**1962. Thursday.** Torstai. *TORS-ta͜i.*

**1963. Friday.**  Perjantai.  *PERR-yan-ta⌣i.*
**1964. Saturday.**  Lauantai.  *LA⌣OO-wan-ta⌣i.*

# HOLIDAYS

**1965. Christmas.**  Joulu.  *JŌ⌣OO-loo.*
**1966. Christmas Eve.**
Jouluaatto.  *JŌ⌣OO-loo + aat-to.*
**1967. Christmas Day.**
Joulupäivä.  *JŌ⌣OO-loo + pä⌣i-vä.*
**1968. Merry Christmas.**
Hauskaa joulua.  *HA⌣OOS-kaa JŌ⌣OO-loo-a.*
**1969. St. Stephen's Day** (OR: **Boxing Day, Dec. 26th**).
Tapaninpäivä.  *TA-pa-nin + pä⌣i-vä.*
**1970. New Year's Eve.**
Uuden vuoden aatto.  *ŌŌ-den VŌŌ⌣O-den AAT-to.*
**1971. New Year.**  Uusi vuosi.  *ŌŌ-si VŌŌ⌣O-si.*
**1972. Happy New Year.**  Onnellista uutta vuotta.
*ON-nel-lis-ta ŌŌT-ta VŌŌ⌣OT-ta.*
**1973. Epiphany.**  Loppiainen.  *LOP-pi-a⌣i-nen.*
**1974. Shrove Tuesday.**  Laskiainen.  *LASS-ki-a⌣i-nen.*
**1975. Good Friday.**
Pitkäperjantai.  *PIT-kä + perr-yan-ta⌣i.*
**1976. Easter.**  Pääsiäinen.  *PÄÄ-si-ä⌣i-nen.*
**1977. Happy Easter.**
Hauskaa pääsiäistä.  *HA⌣OOS-kaa PÄÄ-si-ä⌣is-tä.*
**1978. Whitsunday** (OR: **Pentecost**).
Helluntai.  *HEL-loon-ta⌣i.*
**1979. May Day.**  Vappu.  *VAP-poo.*

**1980. Midsummer.** Juhannus. *YOO-han-noos.*

**1981. All Saints' Day.** Pyhäin miesten päivä.
*PÜ-hä‿in MEE‿ES-ten PÄ‿I-vä.*

**1982. "Little Christmas" (start of Advent).**
Pikkujoulu. *PIK-koo + yō‿oo-loo.*

**1983. Independence day (Dec. 6).**
Itsenäisyyspäivä. *IT-se-nä‿i-süüs + pä‿i-vä.*

**1984. A religious holiday.**
Pyhäpäivä (OR: Kirkollinen juhlapäivä).
*PÜ-hä + pä‿i-vä* (OR: *KIRR-kol-li-nen YOOHH-la +
pä‿i-vä*).

**1985. A public holiday.** Virallinen juhlapäivä.
*VI-ral-li-nen YOOHH-la + pä‿i-vä.*


# DATES, MONTHS AND SEASONS

**1986. January.** Tammikuu. *TAM-mi + kōo.*

**1987. February.** Helmikuu. *HELL-mi + kōo.*

**1988. March.** Maaliskuu. *MAA-lis + kōo.*

**1989. April.** Huhtikuu. *HOOHH-ti + kōo.*

**1990. May.** Toukokuu. *TŌ‿OO-ko + kōo.*

**1991. June.** Kesäkuu. *KE-sä + kōo.*

**1992. July.** Heinäkuu. *HE‿I-nä + kōo.*

**1993. August.** Elokuu. *E-lo + kōo.*

**1994. September.** Syyskuu. *SÜÜS + kōo.*

**1995. October.** Lokakuu. *LO-ka + kōo.*

**1996. November.** Marraskuu. *MAR-ras + kōo.*

**1997. December.** Joulukuu. *YŌ‿OO-loo + kōo.*

**1998. The spring.** Kevät. *KE-vät.*

**1999. The summer.** Kesä. *KE-sä.*

**2000. The autumn.** Syksy. *SÜK-sü.*

**2001. The winter.** Talvi. *TALL-vi.*

**2002. Today is the 31st of May, 1986.**
Tänään on kolmaskymmenesyhdes toukokuuta vuonna
tuhatyhdeksänsataakahdeksankymmentäkuusi.
*TÄ-nään on KOLL-mas+küm-me-nes+ühh-des TŌ‿OO-
ko+kōō-ta VŌŌ‿ON-na TOO-hat+ühh-dek-
sän+sa-taa+kahh-dek-sang͞+küm-men-tä+kōō-si.*

# NUMBERS: CARDINALS

**2003. Zero.** Nolla. *NOL-la.*

**2004. One.** Yksi. *ÜK-si.*

**2005. Two.** Kaksi. *KAK-si.*

**2006. Three.** Kolme. *KOLL-me.*

**2007. Four.** Neljä. *NELL-yä.*

**2008. Five.** Viisi. *VEE-si.*

**2009. Six.** Kuusi. *KŌŌ-si.*

**2010. Seven.** Seitsemän. *SE‿IT-se-män.*

**2011. Eight.** Kahdeksan. *KAHH-dek-san.*

**2012. Nine.** Yhdeksän. *ÜHH-dek-sän.*

**2013. Ten.** Kymmenen. *KÜM-me-nen.*

**2014. Eleven.** Yksitoista. *ÜK-si+to‿is-ta.*

**2015. Twelve.** Kaksitoista. *KAK-si+to‿is-ta.*

**2016. Thirteen.** Kolmetoista. *KOLL-me+to‿is-ta.*

**2017. Fourteen.** Neljätoista. *NELL-yä+to‿is-ta.*

**2018. Fifteen.** Viisitoista. *VEE-si+to‿is-ta.*

**2019. Sixteen.** Kuusitoista.   *KOO-si+ to ͜ is-ta.*

**2020. Seventeen.**
Seitsemäntoista.   *SE ͜ IT-se-män+ to ͜ is-ta.*

**2021. Eighteen.**
Kahdeksantoista.   *KAHH-dek-san+ to ͜ is-ta.*

**2022. Nineteen.**
Yhdeksäntoista.   *ÜHH-dek-sän+ to ͜ is-ta.*

**2023. Twenty.**
Kaksikymmentä.   *KAK-si+ küm-men-tä.*

**2024. Twenty-one.**
Kaksikymmentäyksi.   *KAK-si+ küm-men-tä+ük-si.*

**2025. Twenty-five.**
Kaksikymmentäviisi.   *KAK-si+ küm-men-tä+ vee-si.*

**2026. Thirty.**
Kolmekymmentä.   *KOLL-me+ küm-men-tä.*

**2027. Forty.**
Neljäkymmentä.   *NELL-yä+ küm-men-tä.*

**2028. Fifty.** Viisikymmentä.   *VEE-si+ küm-men-tä.*

**2029. Sixty.** Kuusikymmentä.   *KOO-si+ küm-men-tä.*

**2030. Seventy.**
Seitsemänkymmentä.   *SE ͜ IT-se-mäng+ küm-men-tä.*

**2031. Eighty.**
Kahdeksankymmentä.   *KAHH-dek-sang+ küm-men-tä.*

**2032. Ninety.**
Yhdeksänkymmentä.   *ÜHH-dek-säng+ küm-men-tä.*

**2033. One hundred.** Sata.   *SA-ta.*

**2034. One hundred and one.** Satayksi.   *SA-ta+ük-si.*

**2035. One hundred and ten.**
Satakymmenen.   *SA-ta+ küm-me-nen.*

**2036. One thousand.** Tuhat. *TOO-hat.*

**2037. Two thousand.**
Kaksituhatta. *KAK-si+too-hat-ta.*

**2038. Three thousand.**
Kolmetuhatta. *KOLL-me+too-hat-ta.*

**2039. Four thousand.**
Neljätuhatta. *NELL-yä+too-hat-ta.*

**2040. One hundred thousand.**
Satatuhatta. *SA-ta+too-hat-ta.*

**2041. One million.** Miljoona. *MILL-yō-na.*


# NUMBERS: ORDINALS

**2042. The first.** Ensimmäinen. *EN-sim-mä‿i-nen.*

**2043. The second.** Toinen. *TO‿I-nen.*

**2044. The third.** Kolmas. *KOLL-mas.*

**2045. The fourth.** Neljäs. *NELL-yäs.*

**2046. The fifth.** Viides. *VEE-des.*

**2047. The sixth.** Kuudes. *KŌŌ-des.*

**2048. The seventh.** Seitsemäs. *SE‿IT-se-mäs.*

**2049. The eighth.** Kahdeksas. *KAHH-dek-sas.*

**2050. The ninth.** Yhdeksäs. *ÜHH-dek-säs.*

**2051. The tenth.** Kymmenes. *KÜM-me-nes.*

**2052. The twentieth.**
Kahdeskymmenes. *KAHH-des+küm-me-nes.*

**2053. The thirtieth.**
Kolmaskymmenes. *KOLL-mas+küm-me-nes.*

**2054. The hundredth.** Sadas. *SA-das.*

**2055. The thousandth.** Tuhannes. *TOO-han-nes.*

**2056. The millionth.** Miljoonas. *MILL-yō-nas.*

## QUANTITIES

**2057. A fraction.** Murto-osa. *MOORR-to + o-sa.*

**2058. One-quarter.** Neljäsosa. *NELL-yäs + o-sa.*

**2059. One-third.** Kolmasosa. *KOLL-mas + o-sa.*

**2060. One-half.**
Puoli (OR: Puolet). *P$\overline{OO}$_O-li* (OR: *P$\overline{OO}$_O-let*).

**2061. Three-quarters.**
Kolme neljäsosaa. *KOLL-me NELL-yäs + o-saa.*

**2062. The whole.**
Koko (OR: Kokonainen). *KO-ko* (OR: *KO-ko-na_i-nen*).

**2063. A few.** Muutamia. *M$\overline{OO}$-ta-mi-a.*

**2064. Several.** Useita. *OO-se_i-ta.*

**2065. Many.** Monta. *MONN-ta.*

## FAMILY

**2066. Wife.** Vaimo. *VA_I-mo.*

**2067. Husband.** Mies. *mee_es.*

**2068. Mother.** Äiti. *Ä_I-ti.*

**2069. Father.** Isä. *I-sä.*

**2070. Grandmother.**
Isoäiti (OR: Mummo). *I-so + ä_i-ti* (OR: *MOOM-mo*).

**2071. Grandfather.** Isoisä (OR: Vaari, OR: Ukki).
*I-so + i-sä* (OR: *VAA-ri,* OR: *OOK-ki*).

**2072. Daughter.** Tytär. *TÜ-tär.*

**2073. Son** (OR: **Boy**). Poika. *PO‿I-ka.*

**2074. Sister.** Sisar. *SI-sar.*

**2075. Brother.** Veli. *VE-li.*

**2076. Aunt.** Täti. *TÄ-ti.*

**2077. Uncle (father's brother/mother's brother).**
Setä/Eno. *SE-tä/E-no.*

**2078. Niece (sister's daughter/brother's daughter).**
Sisarentytär/Veljentytär.
*SI-sa-ren + tü-tär/VELL-yen + tü-tär.*

**2079. Nephew (sister's son/brother's son).**
Sisarenpoika/Veljenpoika.
*SI-sa-rem + po‿i-ka/VELL-yem + po‿i-ka.*

**2080. Cousin.** Serkku. *SERK-koo.*

**2081. Relative.** Sukulainen. *SOO-koo-la‿i-nen.*

**2082. Father-in-law.** Appi. *AP-pi.*

**2083. Mother-in-law.** Anoppi. *A-nop-pi.*

**2084. Adults.** Aikuiset. *A‿I-koo‿i-set.*

**2085. Children.** Lapset. *LAP-set.*

# COMMON SIGNS AND PUBLIC NOTICES

**2086. Alas.** *A-las.* Down.

**2087. Älä tallaa nurmikkoa.**
*Ä-lä TAL-laa NURR-mik-ko-a.* Keep off the grass.

**2088. Ale** (OR: **Alennusmyynti**).
*A-le* (OR: *A-len-noos + müün-ti*). Sale.

**2089. Asiaton oleskelu kielletty.**
*A-si-a-ton O-les-ke-lu KEE‿EL-let-tü.* No loitering.

**2090. Avoinna** (OR: **Auki**). *A-vo‿in-na* (OR: *A‿OO-ki*).
Open.

**2091. Aukioloajat.** *A‿OO-ki + o-lo + a-yat.*
Office or shop hours.

**2092. Avoinna 9.00–20.00.**
*A-vo‿in-na ÜH-dek-säs-tä KAHH-tēn + küm-me-nēn.*
Open from 9 A.M. to 8 P.M.

**2093. Bussipysäkki.** *BOOS-si + pü-säk-ki.* Bus stop.

**2094. Ei esitystä.** *E‿I E-si-tüs-tä.* No performance.

**2095. Eläimiä ei saa syöttää.**
*E-lä‿i-mi-ä E‿I saas SÜ‿ÖT-tää.*
Do not feed the animals.

**2096. Eläintarha.** *E-lä‿in + tar-ha.* Zoo.

**2097. Hengenvaara.** *HEN̄G-en + vaa-ra.*
Danger of death.

**2098. Hätäpuhelin.** *HÄ-tä + poo-he-lin.*
Emergency telephone.

**2099. Hautausmaa.** *HA‿OO-ta-oos + maa.* Cemetery.

**2100. Hiljaisuus!** *HILL-ya‿i-sōōs!* Silence!

**2101. Hissi.** *HIS-si.* Elevator.

**2102. Huomio!** *HŌŌ‿O-mi-o!* Attention!

**2103. Ilmainen.** *ILL-ma‿i-nen.* Free.

**2104. Ilmastoitu.** *ILL-mas-to‿i-too.* Air-conditioned.

**2105. Ilmoituksia.** *ILL-mo‿i-took-si-a.* Notices.

**2106. Itsepalvelu.** *ITT-sep + pal-ve-loo.* Self-service.

**2107. Jalankulkijat.** *YA-lan̄g + kul-ki-jat.*
Pedestrians.

**2108. Julisteiden kiinnittäminen kielletty.**
*YOO-lis-te͜ i-den KEEN-nit-tä-mi-nen KEE͜ EL-let-tü.*
Post no bills.

**2109. Julkinen tiedotus.**
*JOOLL-ki-nen TEE͜ E-do-toos.* Public notice.

**2110. Junat.** *YOO-nat.* The trains.

**2111. Kassa.** *KAS-sa.* Cashier's desk.

**2112. Kaupungintalo.** *KA͜ OO-puñg-in+ta-lo.*
City hall.

**2113. Kielletty.** *KEE͜ EL-let-tü.* Forbidden.

**2114. Kirjasto.** *KIRR-yas-to.* Library.

**2115. Klinikka.** *KLI-nik-ka.* Clinic.

**2116. Kuuma.** *KŌŌ-ma.* Hot.

**2117. Kylmä.** *KÜLL-mä.* Cold.

**2118. Lähtevät junat.** *LÄHH-te-vät YOO-nat.*
Departing trains.

**2119. Lähtö.** *LÄHH-tö.* Departure (OR: Start).

**2120. Lentokenttä.** *LENN-to+kent-tä.* Airport.

**2121. Linja-autoasema.** *LIN-ya+a͜ oo-to+a-se-ma.*
Bus station.

**2122. Lipunmyynti.** *LI-poon+müün-ti.* Ticket office.

**2123. Loppuunmyyty.** *LOP-pōōn+müü-tü.* Sold out.

**2124. Lounas.** *LŌ͜ OO-nass.* Lunch.

**2125. Maali.** *MAA-li.* Finish, goal (in sports).

**2126. Maalattu.** *MAA-lat-tu.* Fresh paint.

**2127. Miehille.** *MEE͜ E-hil-le.*
Men's (OR: Gentlemen).

**2128. Miesten huone.** *MEE͜ ES-ten HŌŌ͜ O-ne.*
Men's room.

**2129. Myytävänä.** *MÜÜ-tä-vä-nä.* For sale.

**2130. Naisille.** *NA_I-sil-le.* Ladies.

**2131. Naisten huone.** *NA_IS-ten HŌŌ_O-ne.* Ladies' room.

**2132. Neuvonta.** *NE_OO-von-ta.* Information.

**2133. Odottakaa.** *O-dot-ta-kaa.* Wait.

**2134. Odotushuone.** *O-do-tus+hōō_o-ne.* Waiting room.

**2135. Palaan klo. [13.00].**
*PA-laan KEL-lo [KOLL-me+to_is-ta].*
Will return at [1 P.M.].

**2136. Pikavuoro.** *PI-ka+vōō_o-ro.* Express bus.

**2137. Poliisi.** *PO-lee-si.* Police.

**2138. Postilaatikko.** *POSS-ti+laa-tik-ko.* Mailbox.

**2139. Portaat.** *PORR-taat.* Stairs.

**2140. Puhelin.** *POO-he-lin.* Telephone.

**2141. Pyöräilytie.** *PÜ_Ö-rä_i-lü+tee_e.*
Bicycle path.

**2142. Pääsy kielletty (OR: Läpikulku kielletty).**
*PÄÄ-sü KEE_EL-let-tü (OR: LÄ-pi+kool-koo KEE_EL-let-tü).*
No entry (OR: No trespassing).

**2143. Pääsy kielletty (asiattomilta).**
*PÄÄ-sü KEE_EL-let-tü (A-si-at-to-mil-ta).*
No admittance (except on business).

**2144. Pääsymaksu.** *PÄÄ-sü+mak-soo.* Entrance fee.

**2145. Rautatieasema (OR: Asema).**
*RA_OO-ta+tee_e+a-se-ma (OR: A-se-ma).*
Railroad station.

**2146. Ravintolavaunu.** *RA-vinn-to-la+va͜_oo-noo.*
Dining car.

**2147. Roskia.** *ROSS-ki-a.* Refuse (OR: Trash).

**2148. Ruokasali.** *ROO͞_O-ka+sa-li.* Dining room.

**2149. Saapuvat junat.** *SAA-poo-vat YOO-nat.*
Arriving trains.

**2150. Sairaala.** *SA͜_I-raa-la.* Hospital.

**2151. Sisään.** *SI-sään.* Enter.

**2152. Sisään(käynti).** *SI-sään(+kä͜_ün-ti).* Entrance.

**2153. Sisäänpääsy.** *SI-sääm+pää-sü.* Admission.

**2154. Soittokello** (OR: **Soittakaa**).
*SO͜_IT-to+kel-lo* (OR: *SO͜_IT-ta-kaa*). Ring the bell.

**2155. Suljettu** (OR: **Kiinni**) **20.00–9.00.**
*SOOL-yet-too* (OR: *KEEN-ni*) *KEL-lo KAHH-des-ta+
küm-me-nes-tä KEL-lo ÜHH-dek-sään.*
Closed from 8 P.M. to 9 A.M.

**2156. Suljettu loman ajaksi.**
*SOOL-yet-too LO-man A-yak-si.* Closed for vacation.

**2157. Suljettu sunnuntaisin ja pyhäpäivisin.**
*SOOL-yet-too SOON-noon-ta͜_i-sin ya PÜ-hä+pä͜_i-
vi-sin.*
Closed on Sundays and holidays.

**2158. Taksiasema.** *TAK-si+a-se-ma.* Taxi stand.

**2159. Talonmies.** *TA-lon+mee͜_es.* Janitor.

**2160. Talo vuokrattavana.**
*TA-lo VOO͞_OK-rat-ta-va-na.* House for rent.

**2161. Tehdas.** *TEHH-das.* Factory.

**2162. Televisio** (OR: **TV**). *TE-le+vi-si-o* (OR: *TĒ+vē*).
Television.

**2163. Tietyö.** *TEE_E+tü_ö.* Road construction.

**2164. Tukkumyynti.** *TOOK-koo+müün-ti.*
Wholesale.

**2165. Tupakointi kielletty.**
*TOO-pa-ko_in-ti KEE_EL-le-tü.* Smoking forbidden.

**2166. Tupakkavaunu (OR: Tupakoitsijoille).**
*TOO-pak-ka+va_oo-noo* (OR: *TOO-pa-ko_it-si-yo_il-le).*
Smoking car (OR: For smokers).

**2167. Työnnä.** *TÜ_ÖN-nä.* Push.

**2168. Uiminen kielletty.** *OO_I-mi-nen KEE_EL-let-tü.*
No swimming.

**2169. Ulos.** *OO-los.* Exit.

**2170. Vähittäismyynti.** *VÄ-hit-tä_is+müün-ti.* Retail.

**2171. Vain henkilökunnalle.**
*VA_IN HEÑG-ki-lö+koon-nal-le.* Employees only.

**2172. Vapaa.** *VA-paa.* Vacant.

**2173. Vapaa pääsy.** *VA-paa PÄÄ-sü.* Admission free.

**2174. Varattu.** *VA-rat-too.*
Engaged (OR: Occupied, OR: Reserved).

**2175. Varauloskäytävä.** *VA-ra+oo-los+kä_ü-tä-vä.*
Emergency exit.

**2176. Varo koiraa!** *VA-rok KO_I-raa!*
Beware of dog.

**2177. Varo putoavia esineitä.**
*VA-rop POO-to-a-vi-a E-si-ne_i-tä.*
Beware of falling objects.

**2178. Varovasti portaissa.**
*VA-ro-vas-tip PORR-ta_is-sa!*
Watch your step on the stairs.

**2179. Varo vaaraa!** *VA-rov VAA-raa!*
Danger (LIT.: Beware of danger.)

**2180. Varoitus.** *VA-ro‿i-toos.* Warning.

**2181. Vasemmalle.** *VA-sem-mal-le.* To the left.

**2182. Vastamaalattu.** *VASS-ta+maa-lat-too.*
Wet paint (LIT.: Newly painted.)

**2183. Vedä.** *VE-dä.* Pull.

**2184. Virvokkeita.** *VIRR-vok-ke‿i-ta.* Refreshments.

**2185. Vuokrattavana.** *VŌŌ‿OK-rat-ta-va-na.*
For rent or hire.

**2186. Vuokrattavana kalustettuja huoneita.**
*VŌŌ‿OK-rat-ta-va-na KA-loos-tet-too-ya HŌŌ‿O-ne‿i-ta.*
Furnished rooms for rent.

**2187. W.C.** *VĒ-sē.* Toilet.

**2188. Yksityisalue.** *ÜK-si-tü‿is+a-loo-e.*
Private property.

**2189. Yksityistie.** *ÜK-si-tü‿is+tee‿e.* Private road.

**2190. Yliopisto.** *Ü-li+o-piss-to.* University.

**2191. Ylös.** *Ü-lös.* Up.

# INDEX

The sentences, words and phrases in this book are numbered consecutively from 1 to 2191. The entries in the index refer to those numbers. In addition, each major section heading (capitalized entries) is indexed according to page number. In cases where there may be confusion, parts of speech are indicated by the following abbreviations: *adj.* for adjective, *adv.* for adverb, *aux. v.* for auxiliary verb, *n.* for noun and *v.* for verb. (Rather than prepositions, Finnish often uses postpositions—abbreviated *post.*—which follow a word instead of preceding it.) Parentheses are used for explanations, as they are in the body of the phrasebook.

Because of the already large extent of the indexed material, cross-indexing has generally been avoided. Phrases or groups of two or more words will usually be found under only one of their components, e.g., "boarding house" only under "boarding," though there is a separate entry for "house" alone. Every Finnish word or phrase in the index is followed by one or more English equivalents, which are ordinarily given in dictionary form: the nominative singular (sometimes plural) for nouns and adjectives and the first infinitive for verbs. Pronouns are used less often than in English; they are generally understood from the form of the verb or a noun suffix.

In effect, the reader is provided with an up-to-date English-Finnish glossary. Of course, a knowledge of Finnish grammar is necessary for making the best use of the index, especially since Finnish is a highly inflected language. To assist you in using the correct forms of words, the index lists all the sentences that include different forms of a word. Under "address," for example, sentences 93, 147 and 344 are listed. They provide the forms *osoite* (nominative singular), *osoitetta* (the partitive case, singular) and *osoitteeseen* (the illative or " into " case, singular), respectively. Invariable forms are indexed only once, and only one appearance of each variation is listed, so that there are no duplicate listings. The beginner would do well to look at all the sentences listed for a Finnish word in order to become familiar with the range of variations, and at all the Finnish equivalents listed for an English word in order to become familiar with their different shades of meaning.

It is not the purpose of the present book to teach Finnish grammar, but it will give you the proper form to look up in a dictionary, where you will find more information.

Where a numbered sentence contains a choice of Finnish equivalents (e.g., entry 10, which gives *kyllä, niin* and *joo* for "yes"), only the first choice has been included in the index. (Always refer to the numbered sentence for more information.)

anniversary (wedding):
  *hääpäivä* 48
announcement: *ilmoitus*
  293
another: *toinen* 1261
answer (*v.*): *vastata* 132,
  537
antibiotic: *antibiootti* 1447
antifreeze: *pakkasneste*
  424
antique (*adj.*, =old):
  *vanha* 1277; — shop:
  *antiikkiliike* 1637
antiseptic (*a.*):
  *antiseptinen* 1448
apartment: *huoneisto* 651;
  — house: *kerrostalo* 219
APARTMENT:
  USEFUL WORDS,
  p. 55
appendicitis attack:
  *umpisuolen*
  *puhkeaminen* 1776
appendix: *umpisuoli* 1842
appetite: *ruokahalu* 799
apple: *omena* 1013
appointment, make an:
  *tilata aika* 1623
approach (*n.*): *liittymä*
  386
apricot: *aprikoosi* 1006
April: *huhtikuu* 1989
aquavit: *akvaviitti* 702

archeology: *arkeologia*
  1063
architecture: *arkkitehtuuri*
  1062
Arctic; — bramble:
  *mesimarja* 1024; —
  cloudberry: *lakka* 1022
arm: *käsivarsi* 1837, 1843
armpit: *kainalo* 1844
around (*adv.*):
  *ympäri(insä)* 347
arrive: *saapua* 66, 2149;
  — at destination: *tulla*
  *perille* 292, 306
art: *taide* 1069; — gallery:
  *taidegalleria* 1638
artery: *valtimo* 1845
artichoke: *artisokka* 967
artist's materials:
  *taidevälineet* 1639
as: *niin* 628
ashore, go: *nousta maihin*
  242
ashtray: *tuhkakuppi* 660
asparagus: *parsa* 981;
  cream of — soup:
  *parsakeitto* 873
aspirin: *aspiriini* 1449
attention: *huomio* 2102
attractively, (more):
  *kauniimmin* 599
August: *elokuu* 1993
aunt: *täti* 2076

birth control pill: *E-pilleri* 1454

birthday, happy: *onnea syntymäpäivänänne* 47

black: *musta* 186, 815, 1026

blanket: *huopa* 637

bleed: *vuotaa verta* 1836

blister: *rakkula* 1778

block: *kortteli* 220

blood: *veri* 1848; — vessel: *verisuoni* 1849

blouse: *pusero* 1312

blue: *sininen* 1368; dark —: *tummansininen* 1370; light —: *vaaleansininen* 1369

blueberry: *mustikka* 1025; — pie: *mustikka-piirakka* 1043

board (*v.*): *nousta* 287; go on — (boat): *nousta laivaan* 239

boarding; — house: *täysihoitola* 557; — pass: *tarkistuskortti* 294

BOAT, p. 21

bobby pin: *hiussolki* 1455

body: *keho* 1850

boil (*n.*): *paise* 1779

boiled: *keitetty* 843

boletus: *tatti* 1001

bolt: *pultti* 427

bone: *luu* 1851

bon voyage: *hyvää matkaa* 240

book: *kirja* 1406

bookshop: *kirjakauppa* 1647

BOOKSHOP, STATIONER, NEWSDEALER, p. 103

boot: *saapas* 1314

bored, I am: *minusta täällä on ikävää* 1084

boric acid: *boorihappo* 1456

borrow: *lainata* 398

botanical garden: *kasvitieteellinen puutarha* 1078

bother, don't: *älkää vaivautuko* 19

bottle: *pullo* 696; — opener: *pullonavaaja* 662

bouillon: *lihaliemi* 871

bowel: *suoli* 1852

box; — office: *lipunmyynti* 1127; — seat: *aitiopaikka* 1118

boy: *poika* 81; — friend: *poikaystävä* 55

bracelet: *rannerengas* 1315

chewing gum: *purukumi*
  1458
chicken: *kana* 923; —
  salad: *kanasalaatti* 878;
  — soup: *kanakeitto*
  867
chicken pox: *vesirokko*
  1782
child: *lapsi* 2085
chill (*n.*): *vilunväreet* 1783
chin: *leuka* 1858
china: *posliini* 1398
choke (*n.*): *rikastin* 434
chop (*n.*): *kyljys* 896
chopped: *silputtu* 766
choral music: *kuoro-
  musiikki* 1094
Christmas: *joulu* 1965; —
  Day: *joulupäivä* 1967;
  — Eve: *jouluaatto* 1966;
  merry —: *hauskaa
  joulua* 1968
church: *kirkko* 1099
cigar: *sikari* 1564
cigarette: *savuke* 1565
cinnamon buns:
  *bostonkakku* 1039;
  *korvapuusti* 1040
circus: *sirkus* 1128
citizen: *kansalainen* 92
city: *kaupunki* 274, 376,
  1056; — hall:
  *kaupungintalo* 2112

clean (*adj.*): *puhdas* 787;
  (*v.*): *pestä* 411;
  *puhdistaa* 1603
cleaning fluid:
  *puhdistusaine* 1459
cleansing tissue:
  *kasvopyyhe* 1460
clear (*v.*): *seljetä* 1951
clinic: *klinikka* 2115
clock: *kello* 668
close (*v.*): *sulkea* 295, 310,
  1085; — to: *läheltä*
  561
closed: *suljettu* 2155
closet (*v.*): *komero* 669
clothing: *vaate* 172; —
  store: *vaatetusliike* 1651
CLOTHING AND
  ACCESSORIES, p. 99
clutch (*n.*): *kytkin* 435
coat: *takki* 1321
coathanger: *vaateripustin*
  642
cocoa: *kaakao* 812
cod: *turska* 966
coffee: *kahvi* 813; — cake:
  *pulla* 1038
cognac: *konjakki* 698
cold (*adj.*): *kylmä* 632,
  788, 1580; I am —:
  *minulla on kylmä* 106;
  (*n.*, ailment): *nuha* 1785;
  *vilustuminen* 1784; —

cream: *ihovoide* 1461;
— cuts: *leikkeleet* 899
colic: *mahavaivat* 1718
collar: *kaulus* 1322
collarbone: *solisluu* 1859
collection: *kolehtihaavi* 1095
collision: *yhteentörmäys-vahingot* 364
cologne: *kölninvesi* 1462
color (*n.*): *väri* 1261; —
film: *värifilmi* 1526; —
print: *värikuva* 1532
colorfast, is this: *pitääkö tämä värinsä* 1281
COLORS, p. 101
comb (*n.*): *kampa* 1463;
(*v.*): *kammata* 1624
come: *käydä* 24; *tulla* 25, 1751
COMMON ROAD SIGNS, p. 201
COMMON SIGNS AND PUBLIC NOTICES, p. 145
communion: *ehtoollinen* 1096
compact (*n.*): *puuterirasia* 1323
concert: *konsertti* 1129
condiments: *mausteet* 803
conductor: *konduktööri* 314; *rahastaja* 337

confession: *rippi* 1097
confirm: *vahvistaa* 271
congratulations: *onnea* 46
connection: *yhteys* 546
constipation: *ummetus* 1786
contagious: *tarttuva* 1744
contraceptive: *ehkäisyväline* 1464
contribution: *avustus* 1098
convalescence: *toipilasaika* 1762
cook (*n.*): *keittäjä* 670
cookie: *pikkuleipä* 1036
cooking utensils: *ruoanlaittovälineet* 1191
copper: *kupari* 1385
cork: *korkki* 671
corkscrew: *korkkiruuvi* 672
corn (foot): *liikavarvas* 1787; — pad: *liikavar-vaslaastari* 1465
corner: *kulma* 213
cosmetics: *kosmeetiset aineet* 1652
cost (*v.*): *maksaa* 345
cotton: *puuvilla* 1391;
absorbent —: *vanu* 1466; — prints: *painetut puuvillakankaat* 1543
cough (*n.*): *yskä* 1788; —
syrup: *yskänlääke* 1467

countryside: *maaseutu* 1072

course (meal): *ruokalaji* 785

cousin: *serkku* 2080

cover (include): *kattaa* 362

cover charge, what is the: *paljonko illalliskortti maksaa* 1148

cramp: *kouristus* 1789

cranberry: *karpalo* 1020

crayfish: *rapu* 950

cream: *kerma* 814, 851

credit; — card: *luottokortti* 1222, 1294; letter of —: *luottokirje* 1223; — receipt: *luottokuitti* 1304

crib: *vuode* 1711

cry (v.): *itkeä* 1712

crystal: *kristalli* 1399

cucumber: *kurkku* 972; — salad: *kurkkusalaatti* 880

cufflinks: *kalvosinnapit* 1324

cup: *kuppi* 743

curd pie: *rahkapiirakka* 1045

cure (n.): *hoito* 1763

curl (n.): *kihara* 1631

currant: *viinimarja* 1026

curtains: *verhot* 673

customary: *tavallinen* 197

CUSTOMS, p. 13

customs (office): *tullitoimisto* 162

cut (n.): *naarmu* 1790; (v.): *leikata* 1612

cylinder: *sylinteri* 436

DAIRY PRODUCTS, p. 67

dance (v.): *tanssia* 1150, 1152; may I have this —: *saanko luvan* 1151; — studio: *tanssistudio* 1653

danger: *vaara* 2179; — of death: *hengenvaara* 2097

darker: *tummempi* 1257

date (fruit): *taateli* 1017

DATES, MONTHS AND SEASONS, p. 140

daughter: *tytär* 2072

day: *päivä* 184, 359, 1760, 1932

DAYS OF THE WEEK, p. 138

December: *joulukuu* 1997

decide: *päättää* 1288

deck: *kansi* 252; — chair: *kansituoli* 241

declare, to (customs): *tullata* 173

delicatessen: *herkku-
kauppa* 1654
delivery: *kotiinkuljetus*
1306
DENTIST, p. 130
dentist: *hammaslääkäri*
1655
denture: *hammasproteesi*
1822
deodorant: *raikaste* 1468
depart: *lähteä* 2118
department store:
*tavaratalo* 1656
departure: *lähtö* 2119
depilatory:
*karvojenpoistoaine* 1469
DESSERTS AND
PASTRIES, p. 78
developing: *kehitys* 1527
dial (*n.*): *osoitintaulu* 367;
(*v.*): *pyörittää* 529;
— again: *soittaa
uudelleen* 544
diapers: *vaipat* 1709
diarrhea: *ripuli* 1791
dictionary: *sanakirja* 1409
diesel: *dieseli* 404
diet: *ruokavalio* 1764
different: *eri* 1262
differential:
*tasauspyörästö* 437
DIFFICULTIES AND
MISUNDERSTAND-
INGS, p. 12

dill: *tilli* 1002
dining; — car:
*ravintolavaunu* 325;
room: *ruokasali* 654
dinner: *päivällinen* 243,
718; — jacket: *smokki*
1330
direct: *suora* 275
directed, as:
*lääkemääräyksen
mukaan* 1442
direction: *suunta* 210
directional signal:
*suuntavilkku* 438
disappointed: *pettynyt*
113
discotheque: *disko* 1160
discount: *alennus* 1244
dishes: *astiat* 657
dishwasher: *astian-
pesukone* 674
disinfectant: *desinfioin-
tiaine* 1470
disposable; — bottle:
*kertakäyttöpullo* 1719;
— diaper: *kertakäyttö-
vaippa* 1720
disturb: *häiritä* 308, 613
ditch: *oja* 400
do: *tehdä* 61, 77, 114;
that won't —: *tuo ei
käy* 1246
dock: *telakka* 250
doctor: *tohtori* 1727

first: *ensimmäinen* 244; —
class: *ensimmäinen
luokka* 279
fish: *kala* 734; — rooster:
*kalakukko* 840; —
salad: *kalasalaatti* 877;
smoked — salad:
*savukalasalaatti* 886; —
store: *kalakauppa* 1662
FISH AND SEAFOOD,
p. 72
fishing, go: *mennä kalaan*
1180; — tackle:
*kalastusvälineet* 1178
fit (*v.*): *sovittaa* 1265
five: *viisi* 353, 1091, 1921
fix: *korjata* 1821
flash cube: *nelisalama*
1534
flashlight: *taskulamppu*
446
flight: *lento* 267, 288
flint: *piikivi* 1569
floor (storey): *kerros* 601;
(surface): *lattia* 678
florist (shop): *kukka-
kauppa* 1663
flounder: *kampela* 934
folder: *kansi* 1413
folk; — art: *kansantaide*
1066; — dance:
*kansantanssi* 1130, 1158
follow: *seurata* 191

food: *ruoka* 270
FOOD: SEASONINGS,
p. 64
foot: *jalka* 1868
footpath: *polku* 1193
forbidden: *kielletty* 2113
forehead: *otsa* 1869
foreign: *ulkomainen* 1217
forest: *metsä* 1203
forget: *unohtaa* 189
fork (in road): *tienhaara*
388; (utensil): *haarukka*
744
form (*n.*): *kaavake* 564
forty: *neljäkymmentä* 2027
forward (*v.*): *toimittaa
edelleen* 522
four: *neljä* 187
fourteen: *neljätoista* 2017
fourth: *neljäs* 2045
fox-trot: *fokstrotti* 1153
fraction: *murto-osa* 2057
fracture (*n.*): *luunmurtuma*
1796
fragile: *särkyvä* 194
frankfurter: *nakki* 906
free (unoccupied): *vapaa*
341; (no charge):
*ilmainen* 2103
French: *ranska* 120
fresh: *tuore* 755; — paint:
*maalattu* 2126
Friday: *perjantai* 103, 1963

girl: *tyttö* 82
give: *antaa* 540, 1244,
1712, 1737
glad: *iloinen* 112
glands: *rauhaset* 1872
glass: *lasi* 712, 745
glasses (eye): *silmälasit*
1589
gloves, pair of:
*hansikaspari* 1327
go: *mennä* 155, 198; let's
—: *mennään* 1172; —
out: *lähteä* 519
goal: *maali* 2125
gold: *kulta* 1386
golf: *golf* 1164; —
equipment: *golf-
varusteet* 1177
good: *hyvä* 2, 555
goodbye: *näkemiin* 7
Good Friday:
*pitkäperjantai* 1975
goose: *hanhi* 919
gooseberry: *karviaismarja*
1021
grandfather: *isoisä* 2071
grandmother: *isoäiti* 2070
grape: *viinirypäle* 1019
grapefruit: *greippi* 1008;
— juice: *greippimehu*
818
grass: *nurmi* 2087
gray: *harmaa* 1372

grease: *voiteluöljy* 458
greasy: *rasvainen* 754
green: *vihreä* 1373; olive
—: *oliivinvihreä* 1374;
— pepper: *paprika* 979;
— salad: *salaatti* 881
grilled: *pariloitu* 768
grocery store:
*ruokatavarakauppa* 1668
ground (meat): *jauhettu*
769
guest: *vieras* 619
guide: *opas* 1049; —
book: *matkaopas* 1414
gums: *ikenet* 1824
gymnasium: *urheiluhalli*
253

hair: *tukka* 1614, 1874; —
clip: *hiussolki* 1477; —
net: *hiusverkko* 1478; —
rinse: *huuhtelu* 1633; —
tonic: *hiusvesi* 1478,
1618
hairbrush: *hiusharja* 1476
haircut, give a: *leikata
tukka* 1609
hairpin: *hiusneula* 1480
hairspray: *hiuskiinne* 1481
half (n.): *puoli* 2060;
*puolikas* 1008

ham: *kinkku* 895
hamburger: *hampurilainen* 891
hammer: *vasara* 460
hand: *käsi* 729, 1875; —
    lotion: *käsivoide* 1482;
    — shift: *lattiavaihde* 487
handbag: *käsilaukku* 148
handicrafts: *käsityöt* 1068, 1547
handkerchief: *nenäliina* 1328
handle (v.): *käsitellä* 195
handmade: *käsintehty* 1276
handwoven: *käsinkudottu* 1551
happy: *onnellinen* 115
hard-boiled: *kovaksi keitetty* 845
hardtack: *näkkileipä* 835
hardware store: *rautakauppa* 1669
hare: *jänis* 921
hassock: *jalkatyyny* 679
hat: *hattu* 1229; — shop: *hattuliike* 1670
have; do you —: *onko teillä* 1406; I —: *minulla on* 186
hay fever: *heinänuha* 1797
he: *hän* 622, 1833

head: *pää* 1876
headache: *päänsärky* 1798
headlight: *ajovalo* 469
headwaiter: *hovimestari* 258
health; — certificate: *terveystodistus* 166; to your —: *maljanne* 717
HEALTH AND ILLNESS, p. 125
hear: *kuulla* 33, 545, 1122
hearing aid: *kuulolaite* 1597
heart: *sydän* 914
heater: *lämmittäjä* 368; *lämmitin* 461
heavier (=thicker): *paksumpi* 1252
heel (foot): *kantapää* 1878; (shoe): *kanta* 1594
hello: *päivää* 1; (on phone): *haloo* 539
help (n.): *apu* 23, 156; (v.): *auttaa* 143, 397
herb tea: *yrttitee* 823
here: *tänne* 25; *tässä* 351
herring: *silli* 961; pickled —: *lasimestarin silli* 962
high chair: *syöttötuoli* 1721
higher: *ylempi* 601
hike: *vaellus* 1194

jewelry: *koru* 1547; —
  store: *koruliike* 1672
job, what is your: *missä
  olette työssä* 97
joint: *nivel* 1882
juice: *mehu* 707, 816
July: *heinäkuu* 1992
June: *kesäkuu* 1991
just (only): *vain* 1610


Karelian stew:
  *karjalanpaisti* 894
keep: *pitää* 354, 1614
key: *avain* 149, 609
kidney: *munuainen* 905,
  1883
kilo: *kilo* 1237
kilometer: *kilometri* 343
kind (*adj.*): *ystävällinen*
  22
king-size: *king-size* 1566
kitchen: *keittiö* 655
knee: *polvi* 1884
knife: *veitsi* 746; Finnish
  sheathed —: *puukko*
  1549
know: *tietää* 127, 128


lace: *pitsi* 1550
ladies': *naisille* 2130; —
  room: *naisten huone*
  2131

lake: *järvi* 1204
lamp: *lamppu* 680
large: *iso* 1226
larger: *isompi* 596;
  *suurempi* 1259
larynx: *kurkunpää* 1885
last (=past): *viime* 1938
late (*adj.*): *myöhä* 1925;
  (*adv.*): *myöhään* 292; be
  —: *olla myöhässä* 87
later: *myöhemmin* 298,
  567
laundry: *vaatteet* 1575;
  (business): *pesula* 1674
LAUNDRY AND DRY
  CLEANING, p. 114
lawyer: *asianajaja* 1673
laxative: *ulostuslääke* 1487
layer cake: *täytekakku*
  1046
lead (*v.*): *viedä* 378
leak (*v.*): *vuotaa* 417
lean (*adj.*): *rasvaton* 757
lease (*n.*): *vuokrasopimus*
  658
leather: *nahka* 1402
leave (depart): *lähteä* 65,
  627, 1090; (something):
  *jättää* 551, 566, 624; —
  us alone: *antakaa
  meidän olla rauhassa*
  154
leek: *purjosipuli* 990

*vaihto* 1678; — order:
*maksuosoitus* 521, 1224
month: *kuukausi* 591, 1938
monument: *muistomerkki*
227
moped: *mopo* 374
more: *lisää* 781
morel: *korvasieni* 998
morning: *aamu* 612; good
—: *hyvää huomenta* 3
mosquito net:
*hyttysverkko* 681
mother: *äiti* 2068
mother-in-law: *anoppi*
2083
motor: *moottori* 416; —
boat: *moottorivene* 262;
— scooter: *skootteri*
373
motorcycle: *moottori-
pyörä* 372
mountain: *vuori* 1054, 1205
mouth: *suu* 1890
mouthwash: *suuvesi* 1491
move (*v.*): *liikkua* 1835
movies: *elokuvat* 1132
Mr.: *herra* 38
Mrs.: *rouva* 36
much: *kovasti* 49
mud: *lieju* 400; — flap:
*roiskeläppä* 451
muffler: *äänenvaimentaja*
475

mumps: *sikotauti* 1806
muscle: *lihas* 1891
museum: *museo* 1085
mushroom: *sieni* 995; —
salad: *sienisalaatti* 887;
— soup: *herkkusieni-
keitto* 862; wild —:
*metsäsieni* 997
music store: *musiikki-
kauppa* 1679
musical; — comedy:
*musikaali* 1133; —
instrument: *soitin* 1680
mussels: *simpukat* 963
must (*aux. v.*): *täytyy* 170
mustache: *viikset* 1619
mustard: *sinappi* 806
mutton: *lampaanliha* 897;
— and cabbage stew:
*lammaskaali* 898
my: *minun* 151

nail (finger): *kynsi* 1892;
(metal): *naula* 476; —
file: *kynsiviila* 1492; —
polish: *kynsilakka* 1493
name: *nimi* 88, 90, 152
nap (*v.*): *nukkua* 1711
napkin: *lautasliina* 740,
1551
nausea: *pahoinvointi* 1807
navel: *napa* 1893
near: *lähellä* 208

nearest, to the: *lähimmälle*
401

neck: *niska* 1894

necklace: *kaulakoru* 175

necktie: *solmio* 1331

need (*v.*): *tarvita* 1567

needle: *neula* 1605

needlework: *ompelutyö*
1553

negative (*n.*): *negatiivi*
1536

nephew (brother's son):
*veljenpoika* 2079;
(sister's son):
*sisarenpoika* 2079

nerve: *hermo* 1895

new: *uusi* 1275; — Year:
*uusi vuosi* 1970; —
Year's Eve: *uuden
vuoden aatto* 1971;
happy — Year:
*onnellista uutta vuotta*
1972

newspaper: *sanomalehti*
1419

newsstand: *lehtikioski* 1681

next: *ensi* 52; *lähin* 377;
*seuraava* 213, 267; —
to: *vieressä* 219

nice: *hauska* 45

niece (brother's daughter):
*veljentytär* 2078;
(sister's daughter):

*sisarentytär* 2078

night: *yö* 5, 370, 584, 589,
1934

nightclub: *yökerho* 1134

NIGHTCLUB AND
DANCING, p. 87

nightgown: *yöpaita* 1334

nine: *yhdeksän* 1917

nineteen: *yhdeksäntoista*
2022

ninety: *yhdeksänkymmentä*
2032

ninth: *yhdeksäs* 2050

no: *ei* 11

noise: *kolina* 418; *melu*
603

nonalcoholic: *alkoholiton*
706

nonfiction: *tietokirjal-
lisuus* 1420

noon: *keskipäivä* 1930

north: *pohjoinen* 205

nose: *nenä* 1896; — drops:
*nenätipat* 1494

nosebleed: *verenvuoto
nenästä* 1808

notebook: *muistikirja* 1421

notepaper: *kirjepaperi*
1423

notice (*n.*): *ilmoitus* 2105;
public —: *julkinen
tiedotus* 2109

notify: *ilmoittaa* 1839

order (v.): *tilata* 789, 1261;
in —: *kunnossa* 365
ordinary: *tavallinen* 527
Orthodox: *kreikkalais-katolinen* 1102
orthopedist: *ortopedi* 1769
other: *toinen* 215, 1616
outside (*post.*):
*ulkopuolella* 223
overheat: *kuumeta liikaa*
416
overnight: *yön yli* 385
oxtail soup:
*häränhäntäliemi* 864
oyster: *osteri* 949

pacifier: *tutti* 1712
pack (n.): *paketti* 1566;
(v.): *pakata* 1300
package: *nippu* 1410;
*paketti* 183, 517
pail: *sanko* 682
pain: *särky* 1737
paint (n.): *maali* 1682
painting (art):
*maalaustaide* 1065
pajamas: *yöpuku* 1335
pancakes: *ohukaiset* 1044
pancreas: *haima* 1897
panties: (*naisten*)
*pikkuhousut* 1336
pantyhose: *sukkahousut*
1337

paper: *paperi* 365
parcel post: *postipaketti*
515
park (n.): *puisto* 225, 1070,
1714; (v.): *pysäköidä* 385
parking; — light:
*peruutusvalo* 470; — lot:
*pysäköintipaikka* 393
parsley: *persilja* 983
part (hair): *jakaus* 1615
partridge: *peltopyy* 925
PARTS OF THE BODY,
p. 133
PARTS OF THE CAR
(AND AUTO
EQUIPMENT), p. 37
passport: *passi* 164, 566
pastry; Danish —:
*wienerleipä* 1048; —
shop: *leipomo* 1683
pasty, Karelian:
*karjalanpiirakka* 841
paved: *päällystetty* 380
pay (v.): *maksaa* 178, 794,
1291, 1305
pea: *herne* 968
peach: *persikka* 1015
pear: *päärynä* 1014
pedal: *poljin* 478
pedestrian: *jalankulkija*
2107
pediatrician: *lastenlääkäri*
1707

# APPENDIX:
# COMMON ROAD SIGNS

**Vaarallinen mutka.**
Dangerous bend.

**Mutka oikeaan.**
Right bend.

**Tienristeys.**
Intersection.

**Vartioitu tasoristeys.**
Level-crossing.

**Vartioimaton tasoristeys.**
Level-crossing without gates.

**Liikennevalot.**
Traffic signals ahead.

**Tietyö.**
Road works.

**Suojatie.**
Pedestrian crossing.

**Lapsia.**
Children.

**Porovaara (OR: Hirvivaara).**
Reindeer (OR: Elk) crossing.

**Kapeneva tie.**
Road narrows.

**Kuoppa tiessä (OR: Kelirikko).**
Rough road (OR: Frost damage).

**Vaarallinen lasku.**
Steep (OR: Dangerous) hill.

**Liukas tie (OR: Sateella liukas).**
Slippery road (OR: Slippery when wet).

**Liittymä.**
Merging traffic.

**Kaksisuuntainen liikenne.** om
Two-way traffic ahead.

**Vaara.**
Danger.

**Irtokiviä.**
Falling rocks.

**Pakollinen pysähtyminen risteyksessä.**
Stop at intersection.

**Ajoneuvoilla ajo kielletty.**
Closed to all vehicles.

**Pääsy kielletty.**
No entry.

**Jalankulkijoilta kielletty.**
Closed to pedestrians.

**Vasemmalle kääntyminen kielletty.**
No left turns.